Johannes Schumann

Französisch ganz leicht

Rätsel & Übungen

für zwischendurch

Hueber Verlag

7. 6. 5. | Die letzten Ziffern
2014 13 12 11 10 | bezeichnen Zahl und Jahr des Druckes.
Alle Drucke dieser Auflage können, da unverändert,
nebeneinander benutzt werden.
1. Auflage

Umschlaggestaltung: Parzhuber & Partner, München
Zeichnungen: Tatiana Žitňanová, Bratislava, Slowakei
Layout: Petra Obermeier, München
Druck und Bindung: Ludwig Auer GmbH, Donauwörth
Printed in Germany
ISBN 978-3-19-017908-4

Vorwort

Wie oft hat man nicht zwischendurch mal ein paar Minuten Zeit zum Lernen! Im Bus, am Strand, im Café ... Nutzen Sie diese Zeit zum Wiederholen und Entdecken von Neuem. Mit *Französisch ganz leicht Rätsel und Übungen für zwischendurch* können Sie Ihren Grundwortschatz festigen und erweitern – eben auf ganz leichte Art! Dieses Buch bietet Ihnen 100 abwechslungsreiche Rätsel und Übungen (im Folgenden „Tests" genannt) zu verschiedenen Themenbereichen. Die Lösungen im Anhang geben Ihnen die nötige Sicherheit und Kontrolle.

Denken Sie daran, dass es nicht wichtig ist, möglichst viele Tests hintereinander zu lösen. Prägen Sie sich jeweils nur einen Test gut ein – aber möglichst regelmäßig und am besten täglich. Markieren Sie, was Ihnen wichtig ist und was Sie lernen möchten.
Beim Wortschatzerwerb spielt die Häufigkeit der Wiederholung die entscheidende Rolle, damit Neues ins Langzeitgedächtnis übergehen kann.

Dieses Testbuch ist geeignet für erwachsene Selbstlerner, aber auch für Schüler, die in abwechslungsreicher und spielerischer Form ihre Sprachkenntnisse auffrischen wollen.

Wir wünschen Ihnen viel Spaß!

DIESE ARTEN VON TESTS GIBT ES

TESTS ZU BESTIMMTEN THEMEN

Hinweis: Einige Testnummern sind unter mehreren Rubriken genannt.

TESTS ZU WORTSCHATZ UND GRAMMATIK

TEST 1 Welches Wort passt nicht in die Reihe?

1. tigre – éléphant – ~~aigle~~ – ours
2. frein – pédale – volant – passeport
3. hache – adresse – marteau – perceuse
4. peureux – anxieux – joyeux – dépressif
5. pomme – aubergine – haricot – chou
6. agressif – envieux – jaloux – heureux
7. violon – piano – émetteur – guitare
8. Algérie – France – Pérou – Bretagne
9. avion – tram – métro – train
10. ananas – poire – branche – abricot
11. chemise – armoire – veste – pantalon
12. cidre – bière – vin – choucroute
13. répondre – pousser – tirer – tenir
14. table – bois – chaise – armoire
15. cinéma – théâtre – football – concert
16. janvier – jour – juillet – juin
17. salle de bains – cuisine – lit – chambre à coucher
18. cyclisme – lecture – équitation – escrime
19. boucher – boulanger – pâtissier – client
20. paresseux – cultivé – distingué – intellectuel

Wie viele Früchte können Sie finden?

Eine Frucht ergibt sich senkrecht aus den anderen.

					P		C	H					
				B		N		N					
					M		R						
					P			R					
				C	**L**		M		N	T		N	
	R		N	G									
					M		N	D		R		N	
	B	R		C		T							
			P	R		N							
	N		N		**S**								
		R			**S**		N						
				C		R		S					

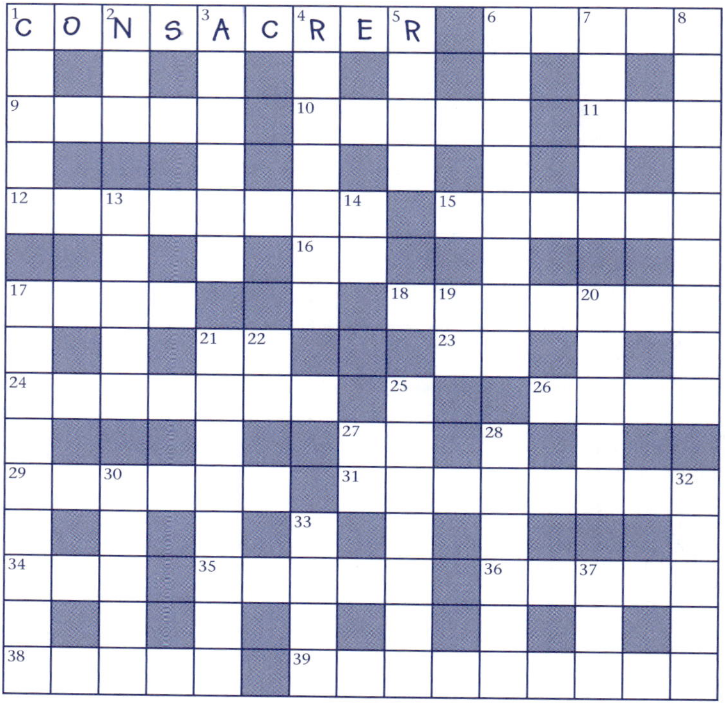

WAAGERECHT

1 Il devrait travailler au lieu de se c******** à sa collection de timbres.

6 S'il vous p****.

9 A**** va le monde.

10 Il veut t**** avec un fusil de chasse.

11 Cela va de s**.

12 Il faut d******* de fumer ici.

15 Le commissaire de p***** est arrivé sur le lieu du crime.

16 Voulez-vous d* pain?

17 Nos a*** nous ont écrit une lettre.

18 P****** les vacances, nous allons en Grèce.

21 Notre enfant a juste un a*.

23 Je t* raccompagnerai à la maison.

24 Il est sorti p****** de l'Ecole polytechnique.

26 Je n'ai rien à d***.

27 Il s* trompe souvent.

29 Elle pleure des l***** de sang.

31 Les soldats attendent l'ordre d'a*******.

34 Je ne bois jamais d'e**.

35 Paul a**** les fraises

36 Un carré possède quatre c****.

38 T**** bien le sac pour qu'il ne tombe pas.

39 Nous avons contracté une a******** tous risques pour la voiture.

SENKRECHT

1 Il fait trop c**** pour travailler.

2 N**, je ne regrette rien.

3 Les a***** décollent de l'aéroport.

4 Je r****** ma montre d'une heure à cause du changement d'horaire.

5 Le r*** est le propre de l'homme.

6 P******* ne m'aime.

7 Il est a**** grand que moi.

8 En France, l'année scolaire est divisée en t********.

13 Le prisonnier a pris la f****.

14 Elle a e* mention bien au bac.

17 Ils a******** les enfants pour le dîner.

19 Il a acheté des fruits e* des légumes.

20 A****, nous ne nous verrons plus jamais.

21 J'a******* partir loin d'ici.

22 N* me quitte pas !

25 R****** bien ta leçon !

27 Elle a visité s* mère à l'hôpital.

28 La firme X veut l***** un nouveau produit sur le marché.

30 A cause du froid, j'ai attrapé un r****.

32 Avec le r**** de viande de ce midi, nous ferons du hachis pour ce soir.

33 Je prendrais un verre de c*** avec une tranche de citron.

37 Est-ce que je peux emprunter t** livre ?

TEST 4 Wie heißt das Gegenteil (Antonym)?

acheteur arrivée défaite enfer ennemi exportation échec femme feu fin force froid maladie malheur ~~matin~~ perte plaine punition retour richesse silence sortie sœur vieillesse ville

1. le soir – le matin
2. le village – la ______________________
3. le bonheur – le ______________________
4. le commencement – la ______________________
5. la montagne – la ______________________
6. l'entrée – la ______________________
7. l'importation – l' ______________________
8. l'ami – l' ______________________
9. le bénéfice – la ______________________
10. le départ – l' ______________________
11. le succès – l' ______________________
12. la santé – la ______________________
13. l'aller – le ______________________
14. la pauvreté – la ______________________
15. la chaleur – le ______________________
16. la jeunesse – la ______________________
17. l'homme – la ______________________
18. le frère – la ______________________
19. la faiblesse – la ______________________
20. la récompense – la ______________________
21. le vendeur – l' ______________________
22. le ciel – l' ______________________
23. l'eau – le ______________________
24. le bruit – le ______________________
25. la victoire – la ______________________

Finden Sie die logische Entsprechung.

boire bois boisson chaud conduire couvert eau entendre écriture fille Français léger légume nager ~~pays~~ pied regarder shampoing sombre voitures

1. violon – instrument de musique = Italie – pays
2. assiette – vaisselle = couteau – ______
3. aigle – voler = requin – ______
4. père – fils = mère – ______
5. poivre – épice = thé – ______
6. voiture – roue = table – ______
7. port – bateaux = parking – ______
8. peau – savon = cheveux – ______
9. orange – fruit = haricot – ______
10. fourchette – manger = verre – ______
11. crème glacée – froid = café – ______
12. jour – lumineux = nuit – ______
13. œil – voir = oreille – ______
14. brûler – feu = couler – ______
15. plomb – lourd = plume – ______
16. journal – lire = télévision – ______
17. Belgique – Belge = France – ______
18. avion – piloter = voiture – ______
19. film – image = livre – ______
20. vêtement – tissu = meuble – ______

TEST 6 Setzen Sie ein.

~~adéquat~~ aime aller argent beau brune cette cinéma dans Guerre histoires hui lettre mois ouverte pays prochain tirer venu vigueur

1. Das ist das passende Wort. > C'est le mot adéquat.
2. Ich trinke gern Wein. > J'__________ boire du vin.
3. bei schönem Wetter > par __________ temps
4. den Griff ziehen > __________ la poignée
5. der Zweite Weltkrieg > la Seconde / la Deuxième __________ Mondiale
6. fern der Heimat > loin du __________ natal
7. heute schon > aujourd'__________ même
8. Die Tür ist offen. > La porte est __________.
9. Wieviel Geld haben Sie in Reiseschecks? > Combien d'__________ avez-vous en chèques de voyage ?
10. ein halbes Jahr > six __________
11. eine Rückfahrkarte > un billet __________ et retour
12. einen Brief zur Post bringen > poster une __________
13. am Nachmittag / nachmittags > __________ l'après-midi
14. in Kraft treten > entrer en __________ / entrer en application
15. ins Kino gehen > aller au __________
16. Wo ist die nächste Werkstatt? > Où se trouve le __________ atelier de réparation?
17. er kam zuletzt > il est __________ le dernier
18. Es ist glatt gegangen. > Cela s'est passé sans __________.
19. auf diese Art und Weise > de __________ manière
20. dunkle Haut haben > avoir la peau __________

Wie heißt das Gegenteil (Antonym)?

1. travailleur – [eusarpsxe] paresseux
2. grand – [ieptt] ____________
3. gros – [eagmri] ____________
4. lent – [aieprd] ____________
5. joli – [dail] ____________
6. proche – [nilééog] ____________
7. sombre – [ilacr] ____________
8. cher – bon [aéchmr] ____________
9. intelligent – [êebt] ____________
10. blanc – [roni] ____________
11. mou – [urd] ____________
12. passionnant – [xeunyeun] ____________
13. court – [goln] ____________
14. étroit – [aglre] ____________
15. vrai – [axuf] ____________
16. riche – [aevpur] ____________
17. jeune – [iuxve] ____________
18. vivant – [torm] ____________
19. triste – [xoeyju] ____________
20. chaud – [riodf] ____________

TEST 8 Finden Sie waagerecht oder senkrecht 34 europäische Länder.

E	G	R	O	P	O	L	O	G	N	E	Y	N	C	M	S	E	L
P	H	O	N	G	R	I	E	B	O	S	N	I	E	A	L	S	A
B	I	U	U	A	R	T	I	R	L	A	N	D	E	C	O	T	F
V	E	M	K	A	L	H	A	U	S	U	È	D	E	É	V	O	I
A	D	A	R	U	Y	U	N	S	Y	C	K	M	I	D	A	N	N
L	P	N	A	T	Y	A	D	S	O	L	W	H	G	O	Q	I	L
L	P	I	I	R	A	N	O	I	U	U	G	G	B	I	U	E	A
E	O	E	N	I	F	I	R	E	G	P	Y	O	Q	N	I	D	N
M	R	Y	E	C	Y	E	R	**N**	**O**	**R**	**V**	**È**	**G**	**E**	E	A	D
A	T	J	M	H	Z	A	E	O	S	N	E	S	P	A	G	N	E
G	U	B	W	E	I	B	I	É	L	O	R	U	S	S	I	E	S
N	G	U	R	Z	T	M	F	R	A	N	C	E	S	K	V	M	L
E	A	L	L	F	A	M	X	H	V	M	A	L	T	E	D	A	O
F	L	G	M	O	L	D	A	V	I	E	J	M	R	P	E	R	V
F	B	A	U	M	I	D	B	L	E	T	T	O	N	I	E	K	É
N	G	R	È	C	E	F	L	U	X	E	M	B	O	U	R	G	N
T	K	I	T	Q	A	B	E	L	G	I	Q	U	E	K	Z	S	I
T	J	E	C	R	O	A	T	I	E	Y	S	U	I	S	S	E	E

Was passt zusammen?

Bilden Sie Sprichwörter oder Redensarten.

1.	A chacun selon	a)	n'est l'ami de personne.
2.	A chacun son	b)	heure de gloire.
3.	A chaque oiseau	c)	le beau temps.
4.	A cheval donné on ne	d)	le ciel t'aidera.
5.	A moitié fait	e)	n'est pas maître.
6.	Aide-toi,	f)	on a beau dire.
7.	L'ami de tout le monde,	g)	qui commence bien.
8.	Apprenti	h)	regarde pas à la bouche.
9.	Après coup	i)	ses mérites.
10.	Après la pluie	j)	son nid est beau.

11.	Au royaume des aveugles,	a)	autant d'avis.
12.	Autant de têtes,	b)	connaît ses vrais amis.
13.	Bien mal acquis	c)	de haut tombe.
14.	C'est avec l'honnêteté	d)	les borgnes sont rois.
15.	C'est dans le besoin qu'on	e)	ne profite jamais.
16.	C'est le plus sage	f)	qu'on va le plus loin.
17.	C'est le ton	g)	qui cède.
18.	Ce n'est pas	h)	qui fait la chanson.
19.	Ce sont les tonneaux vides	i)	qui font le plus de bruit.
20.	Celui qui monte haut	j)	tous les jours fête.

TEST 10 Bilden Sie das Perfekt der unregelmäßigen Verben.

1. Lire un livre = il a lu ______________ un livre
2. Prendre un verre = il a ______________ un verre
3. Connaître cette histoire = il a ______________ cette histoire
4. Dire une phrase = il a ______________ une phrase
5. Tenir un objet = il a ______________ un objet
6. Acquérir une voiture = il a ______________ une voiture
7. Sentir une odeur = il a ______________ une odeur
8. Dormir toute la nuit = il a ______________ toute la nuit
9. Courir les cent mètres = il a ______________ les cent mètres
10. Recevoir un prix = il a ______________ un prix
11. Voir un film = il a ______________ un film
12. Savoir sa leçon = il a ______________ sa leçon
13. Rendre la clef = il a ______________ la clef
14. Battre un tapis = il a ______________ un tapis
15. Mettre une chemise = il a ______________ une chemise
16. Peindre un tableau = il a ______________ un tableau
17. Craindre un accident = il a ______________ un accident
18. Vaincre sa peur = il a ______________ sa peur
19. Faire son travail = il a ______________ son travail
20. Boire du vin = il a ______________ du vin

Welche Lösung stimmt?

A. J'ai … le plat sur la table.

1. posé **2.** placé **3.** rendu **4.** abandonné

B. Son anniversaire aura lieu … une semaine.

1. dans **2.** avant **3.** pendant **4.** alors

C. J'ai … principe d'achever ce que j'ai entrepris.

1. par **2.** en **3.** avec **4.** pour

D. Je suis très intéressé … la littérature.

1. à **2.** dans **3.** par **4.** avec.

E. Dans une banque, on ne peut pas …. de l'argent.

1. verser **2.** livrer **3.** retirer **4.** déposer

F. On coupe la viande … un couteau.

1. par **2.** avec **3.** pour **4.** sur

G. Les touristes sont guidés dans le musée … un conférencier.

1. par **2.** avec **3.** d' **4.** en

H. Lequel de ces produits ne contient pas de lait ?

1. le beurre **2.** la margarine **3.** la crème **4.** le fromage

I. Le 14 juillet est la fête … de la France.

1. nationale **2.** fédérale **3.** internationale **4.** régionale

J. Une voiture mal garée a été … .

1. emportée **2.** démolie **3.** brûlée **4.** arrêtée

K. Laquelle de ces plantes n'est pas une céréale ?

1. le blé **2.** l'orge **3.** le riz **4.** la vigne

TEST 12 Setzen Sie ein.

bord débrouiller doubler engager être frais gorgée grandioses grave langue Nous passer passer perdre place point pourquoi suivre ~~vient~~ voulez

1. daher kommt es, dass > de là vient _____ que
2. Das ist nicht seine starke Seite. > Ce n'est pas son ________ fort.
3. Seine intellektuellen Fähigkeiten sind toll. > Ses capacités intellectuelles sont __________________.
4. den Mut sinken lassen / den Mut verlieren > __________ courage
5. Versäum nicht die Gelegenheit! > Ne laisse pas _____________ cette occasion!
6. Nicht überholen! > Défense de _____________!
7. die Ferien verbringen > ___________ les vacances
8. Wie Sie meinen! > Comme vous ___________!
9. die französische Sprache > la ___________ française
10. Sie war krank, daher kam sie nicht. > Elle était malade, c'est _______________ elle n'est pas venue.
11. Liegt es am Meer? > Est-ce que cela se trouve _______ de la mer?
12. ein Gespräch beginnen > _____________ une conversation
13. ein schwerer Unfall > un accident _________
14. eine Vorlesung hören > __________ un cours / assister à un cours
15. einen Schluck nehmen > prendre une ___________/ boire un coup
16. Wir haben Dienstag, den 17. April. > _______ sommes le mardi 17 avril.
17. an Ort und Stelle > sur _________
18. Womit kann ich dienen? > En quoi puis-je vous aider / _______ utile?
19. Er weiß sich zu helfen. > Il sait se _____________________.
20. auf meine Kosten > à mes _________ / à mes dépens

Wie viele Geschäfte können Sie finden?

Die senkrechten Buchstaben ergeben ein weiteres.

Dans quel magasin achetez-vous …

1. un portefeuille?
2. une alliance?
3. une tarte?
4. des bonbons?
5. du lait?
6. un médicament?
7. de la lessive?
8. des fleurs?
9. un livre?
10. du poivre?
11. un rôti de bœuf?
12. du jambon?
13. du pain?
14. un marteau?

										14								
1						M		R		**Q**			N		R			
2						B		J			T		R					
3							P		T		S	S		R				
4								C		**N**	F		S		R			
5										**C**	R		M		R			
6								P	H		R	M		C				
7			D	R		G			R									
8									F	**L**			R		S	T		
9										**L**		B	R			R		
10							P		C		R							
11				B			C	H		**R**								
12	C	H		R	C		T		R									
13			B			L		N	G		R							

TEST 14 Finden Sie die logische Entsprechung.

~~Allemand~~ bébé catholique cheveux coiffer composer coucher désert doigt forme Irlande maladroit marché mois oncle poisson porcelaine sculpture train travailleur

1. Espagne – Espagnol = Allemagne – Allemand
2. Calvin – protestant = Pape – ____________________
3. automne – saison = avril – ____________________
4. tigre – jungle = chameau – ____________________
5. neveu – nièce = tante – ____________________
6. colombe – oiseau = requin – ____________________
7. écrivain – rédiger = musicien – ____________________
8. maigre – gras = paresseux – ____________________
9. orange – couleur = ovale – ____________________
10. aéroport – avion = gare – ____________________
11. pied – orteil = main – ____________________
12. rasoir – barbe = shampoing – ____________________
13. savon – se laver = peigne – se ____________________
14. facile – difficile = cher – bon ____________________
15. arbre – bois = assiette – ____________________
16. maison de retraite – vieillard = crèche – ____________________
17. Helsinki – Finlande = Dublin – ____________________
18. rapide – lent = habile – ____________________
19. chaise – s'asseoir = lit – se ____________________
20. tableau – peinture = statue – ____________________

Was passt zusammen?
Bilden Sie Sprichwörter oder Redensarten.

1.	Le monde est à ceux	**a)**	c'est de l'argent.
2.	Le papier	**b)**	de voir la forêt.
3.	Le temps est	**c)**	le charme de la vie.
4.	Le temps,	**d)**	le plaisir après.
5.	Le travail d'abord,	**e)**	ont toujours tort.
6.	Le travail fait	**f)**	paient l'amende.
7.	Les absents	**g)**	qui se lèvent tôt.
8.	Les apparences	**h)**	sont trompeuses.
9.	Les arbres empêchent	**i)**	souffre tout.
10.	Les battus	**j)**	un bon conseiller.

11.	Les chiens aboient,	**a)**	des oreilles.
12.	Les contraires	**b)**	entretiennent l'amitié.
13.	Les extrêmes	**c)**	entretiennent l'amour.
14.	Les loups ne se	**d)**	font les grandes rivières.
15.	Les mensonges	**e)**	la caravane passe.
16.	Les murs ont	**f)**	mangent pas entre eux.
17.	Les petites querelles	**g)**	miroir de l'âme.
18.	Les petits cadeaux	**h)**	ne mènent pas loin.
19.	Les petits ruisseaux	**i)**	s'attirent.
20.	Les yeux sont	**j)**	se touchent.

TEST 16 Setzen Sie ein.

Setzen Sie die Buchstaben „e“ oder „i“ ein, um den Witz zu verstehen.

Une fourmi _t un m_ll_-patt_s s'_nv_t_nt dans un café à d_ux h_ur_s. L_ m_ll_-patt_s arr_v_ av_c un_ h_ur_ d_ r_tard, la fourm_ lu_ d_mand_:

- „Pourquo_ arr_v_z-vous s_ tard ?“
- „C_ n'_st pas d_ ma faut_, ma_s à l'_ntré_ _l y ava_t un pann_au où éta_t écr_t: _ssuy_z vos p__ds.“

Finden Sie waagerecht oder senkrecht 13 Farben.

C	R	J	B	R	U	N	Q	D	V	P
A	O	A	V	E	R	T	B	A	C	Q
R	S	U	X	L	H	L	H	M	D	B
B	E	N	B	P	Q	Q	L	A	H	I
H	H	E	E	B	O	S	Y	R	R	G
N	Q	V	I	G	R	N	W	R	O	K
P	Z	I	G	B	A	O	O	O	U	O
F	A	O	E	R	N	I	T	N	G	Z
C	K	L	T	V	G	R	I	S	E	Y
C	N	E	**B**	**L**	**E**	**U**	H	W	T	E
O	M	T	B	L	A	N	C	J	L	F

TEST 18 Kreuzworträtsel

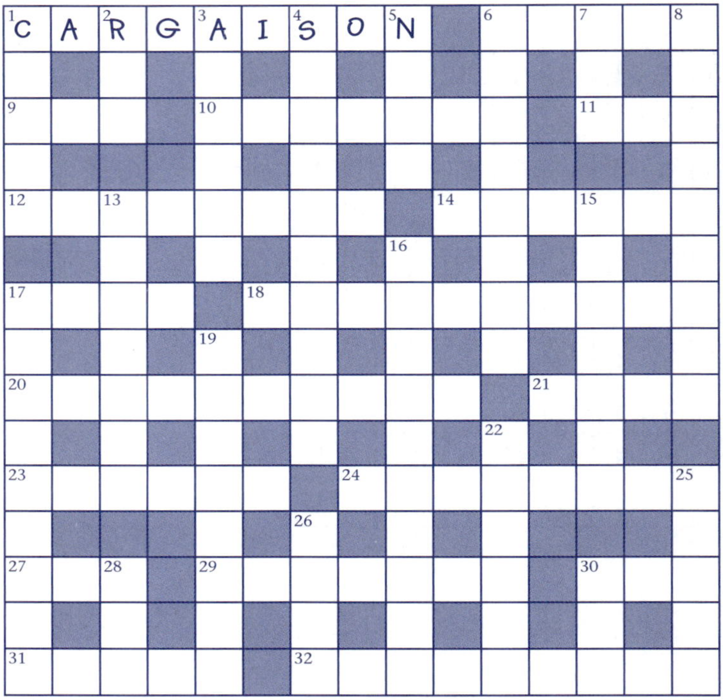

WAAGERECHT

1 Ce bateau transporte une c******** d'armes.

6 Napoléon p**** les dernières années de sa vie à Sainte-Hélène.

9 Son fils vient d'avoir quinze a**.

10 Ils se sont c****** pour aller au théâtre.

11 Comme on fait son l**, on dort.

12 Je vous r******* de m'avoir aidé.

14 Elle a perdu son c***** d'exercices.

17 J'ai de b*** résultats.

18 Ils sont i********* par le sport.

20 E********* les monuments historiques est très coûteux.

21 La d*** de leur prochaine visite est le 15 mai.

24 Ma grand-mère aimait me r******* des contes de fées quand j'étais enfant.

27 Mon n** est Paul Dubois.

29 Il neige s****** en hiver.

30 Elle suit d** cours de français.

31 Les Pyrénées s'étendent e**** la France et l'Espagne.

32 Je m'i******** à la philosophie ancienne.

SENKRECHT

1 Il ne fait pas assez c**** pour lire.

2 Je r** en regardant un film de Louis de Funès.

3 Nous ne sommes pas d'a***** sur cette question.

4 Il est interdit de s********* devant cette porte.

5 Il n*** dans la piscine.

6 Nous avons envoyé des cartes p****** à tous nos amis.

7 Voulez-vous du s** ou du poivre?

8 La calculatrice est a******** pour cet examen.

13 Dans une heure, il y a soixante m******.

15 Je reviens dans un i*******.

16 Elle va à la pharmacie acheter un m********* contre la grippe.

17 Marie est toujours la b******** chez nous.

19 Je vais chez le d******* pour soigner ma rage de dents.

22 Voulez-vous g***** de ce vin.

23 Sa Majesté la reine effectuera une v***** au Canada.

25 Il ne r**** plus que des ruines à Pompéi.

26 A q**** penses-tu ?

28 Anticonstitutionnellement est le m** français le plus long.

30 D**-moi toute la vérité.

TEST 19 Setzen Sie das Imperfekt ein.

1. lire un livre – nous lisions ________ un livre
2. prendre un verre – tu ________________ un verre
3. connaître une histoire – vous ________________ une histoire
4. dire cette phrase – je ________________ cette phrase
5. tenir un objet – elle ________________ un objet
6. sentir une odeur – nous ________________ une odeur
7. dormir toute la nuit – ils ________________ toute la nuit
8. courir les cent mètres – tu ________________ les cent mètres
9. recevoir un prix – il ________________ un prix
10. voir un film – elle ________________ un film
11. savoir sa leçon – je ________________ ma leçon
12. rendre la clef – nous ________________ la clef
13. battre le tapis – tu ________________ le tapis
14. mettre la robe – elle ________________ la robe
15. peindre un tableau – vous ________________ un tableau
16. craindre un accident – je ________________ un accident
17. vaincre sa peur – ils ________________ leur peur
18. faire son travail – tu ________________ ton travail
19. boire du vin – elle ________________ du vin
20. croire en Dieu – ils ________________ en Dieu

Setzen Sie ein.

cinq diplomatiques enseignement européenne inclus langue Luxembourg organisations Orient plus plusieurs rôle touchent ~~travers~~ vivant

La francophonie

La francophonie désigne la communauté des peuples qui partagent l'usage du français à [1] travers le monde. En 1995, on comptait plus de 200 millions de francophones répartis sur les [2]_________ continents. Hors de l'Hexagone, le français est la [3]_________ officielle et maternelle de tout ou d'une partie de la population dans quelques principautés et pays européens qui [4]_________ la France (Suisse, Belgique, [5]___________, Monaco et Andorre) ou en Amérique (Québec et Haïti). A cet ensemble, il convient de d'ajouter les populations [6]____________ dans les départements et territoires d'outre-mer (Guyane, Réunion, Polynésie et Nouvelle-Calédonie). Au-delà, un certain nombre d'Etats africains, antérieurement [7]__________ dans l'Empire colonial, ont fait du français leur langue d'[8]_____________; quelques-uns en ont fait aussi leur langue officielle. Le français connaît aussi une diffusion importante dans [9]____________ pays du Proche-[10]_________ (Liban, Syrie, Egypte). Même de plus en [11]______ concurrencé par l'anglais, le français continue de jouer un [12]________ capital dans les relations [13]___________ et demeure la langue officielle de nombreuses [14]___________ internationales à commencer par l'Union [15]_____________.

TEST 21 Was passt zusammen?

Bilden Sie Sprichwörter oder Redensarten.

1.	Chacun est artisan	**a)**	à son pied.
2.	Chacun porte sa croix	**b)**	en son temps.
3.	Chacun trouve chaussure	**c)**	choisir le moindre.
4.	Chaque chose	**d)**	de sa fortune.
5.	Chien en vie vaut mieux	**e)**	en ce monde.
6.	Chien qui aboie	**f)**	et je te dirai qui tu es.
7.	Comme on fait son lit,	**g)**	ne mord pas.
8.	De deux maux il faut	**h)**	on ne discute pas.
9.	Des goûts et des couleurs,	**i)**	on se couche.
10.	Dis-moi qui tu hantes	**j)**	que lion mort.

11.	Expérience	**a)**	à l'ennemi qui fuit.
12.	Goutte à goutte	**b)**	avec les loups.
13.	Grand bien ne vient pas	**c)**	celui qui ne veut pas voir.
14.	Heureux au jeu,	**d)**	en peu d'heures.
15.	Il faut battre le fer	**e)**	l'eau creuse la pierre.
16.	Il faut faire un pont d'or	**f)**	linge sale en famille.
17.	Il faut hurler	**g)**	malheureux en amour.
18.	Il faut laver son	**h)**	passe science.
19.	Il faut que jeunesse	**i)**	pendant qu'il est chaud.
20.	Il n'est pire aveugle que	**j)**	se passe.

Finden Sie waagerecht oder senkrecht 17 Tiere auf dem Bauernhof.

M	**O**	**U**	**T**	**O**	**N**	D	C	H	A	T
N	C	Z	H	U	P	I	G	E	O	N
P	O	U	L	E	T	N	C	L	C	K
R	C	V	E	A	U	D	H	P	H	A
H	H	A	Z	A	W	E	I	O	E	Z
S	O	C	H	È	V	R	E	U	V	A
O	N	A	W	C	A	B	N	L	A	G
U	L	N	U	E	C	X	C	A	L	N
R	P	A	O	N	H	G	E	I	Y	E
I	J	R	U	E	E	T	S	N	C	A
S	C	D	L	A	P	I	N	Z	F	U

TEST 23 Welches Wort passt nicht in die Reihe?

1. franc – rouble – euro – ~~centime~~
2. pantalon – chemise – collier – chaussettes
3. R.P.R. – U.D.F. – O.N.U. – P.C.F.
4. Français – Provençal – Polonais – Italien
5. Alsace – Bretagne – Ile de France – Seine
6. Chirac – de Gaulle – Pompidou – Jospin
7. Atlantique – Europe – Océanie – Asie
8. chocolat – bonbon – praline – cassoulet
9. Vosges –sommet– Massif Central – Pyrénées
10. Garonne – Loire – Elbe – Rhône
11. Lyon – Genève – Marseille – Lille
12. blé – orge – maïs –tabac
13. peintre – escrimeur – coureur – cavalier
14. pistolet – fusil – couteau – canon
15. cercle – angle – triangle – rectangle
16. échecs – dames – moulin – belote
17. cigare – cigarette – pipe – briquet
18. arithmétique – grammaire – algèbre – géométrie
19. architecte – boulanger – boucher – épicier
20. lycée – collège – hôtel – école

Setzen Sie ein.

aime ai ans autoroute avait De devons ~~déclarer~~ elle fumer joint Merci monnaie plaît pommes poussière tout

1. Haben Sie etwas zu verzollen? > Avez-vous quelque chose à déclarer?
2. Danke, ebenfalls! / Danke, gleichfalls! > ________, de même!
3. Kartoffeln schälen > éplucher des ________ de terre
4. Was für eine Farbe hat es? > ____ quelle couleur est-ce?
5. Ich bin auf der Bananenschale ausgerutscht. > J'____ glissé sur la peau de banane.
6. Ich mag eiskalte Drinks nur im Sommer. > J'________ les boissons glacées seulement en été.
7. Ich weiß nicht, ob sie einen Sohn oder eine Tochter hat. > Je ne sais pas si ________ a un fils ou une fille.
8. Mein Großvater ist neunzig. > Mon grand-père a quatre-vingt dix ______.
9. Der Rest ist für Sie. > Gardez la ____________.
10. Pfeife rauchen > ________ la pipe
11. Sie hatte hohe Temperatur / hohes Fieber. > Elle ________ une forte fièvre / température.
12. Wie komme ich zur Autobahn? > Comment rejoint-on l'______________?
13. Ein Muster finden Sie in der Anlage. > Veuillez trouver ci-________ un échantillon.
14. Wir müssen Strom sparen. > Nous ______ économiser l'électricité.
15. Bitte nachsenden! > Prière de faire suivre! / faire suivre s'il vous ________!
16. alles andere > ________ le reste
17. Staub wischen > ôter la ______________

TEST 25 Wie heißt das Gegenteil (Antonym)?

acheteur belle-sœur désordre ~~divorce~~ femme gendre haine hiver laideur liberté méchanceté minorité mort nièce nuit Ouest paix présence propriétaire silence soif Sud tante tristesse vérité

1. le mariage – le divorce
2. la faim – la ________________
3. le vendeur – l'________________
4. la guerre – la ________________
5. le bruit – le ________________
6. la vie – la ________________
7. l'amour – la ________________
8. le mensonge – la ________________
9. le locataire – le ________________
10. la majorité – la ________________
11. le Nord – le ________________
12. le neveu – la ________________
13. l'oncle – la ________________
14. le beau-frère – la ________________
15. la belle-fille – le ________________
16. le mari – la ________________
17. l'été – l'________________
18. le jour – la ________________
19. l'Est – l'________________
20. l'ordre – le ________________
21. la bonté – la ________________
22. la beauté – la ________________
23. l'absence – la ________________
24. la joie – la ________________
25. la servitude – la ________________

Finden Sie waagerecht oder senkrecht 27 Dinge, die man essen kann.

TEST 26

A	O	M	N	P	B	S	D	D	C	F	R	U	I	T
O	N	C	O	O	E	A	J	E	H	H	I	Z	P	B
Z	K	H	U	I	I	L	A	S	O	U	P	E	A	O
K	M	U	I	S	G	A	M	C	U	O	G	T	I	U
X	W	I	L	S	N	M	B	A	C	Z	Â	A	N	I
I	X	L	L	O	E	I	O	L	R	C	T	R	E	L
U	V	E	E	N	T	S	N	O	O	O	E	T	H	L
A	K	P	S	L	A	R	D	P	U	N	A	E	E	O
F	R	O	M	A	G	E	F	E	T	F	U	M	F	N
P	O	U	L	E	T	Œ	U	F	E	I	R	I	Z	B
Z	E	**C**	**R**	**O**	**I**	**S**	**S**	**A**	**N**	**T**	D	O	E	M
I	S	U	C	R	E	Q	M	S	A	U	C	E	W	C
C	W	X	I	C	R	È	M	E	C	R	Ê	P	E	B
F	L	F	S	A	U	C	I	S	S	E	C	X	S	H
E	T	I	N	O	M	E	L	E	T	T	E	F	T	L

TEST 27 Kreuzworträtsel

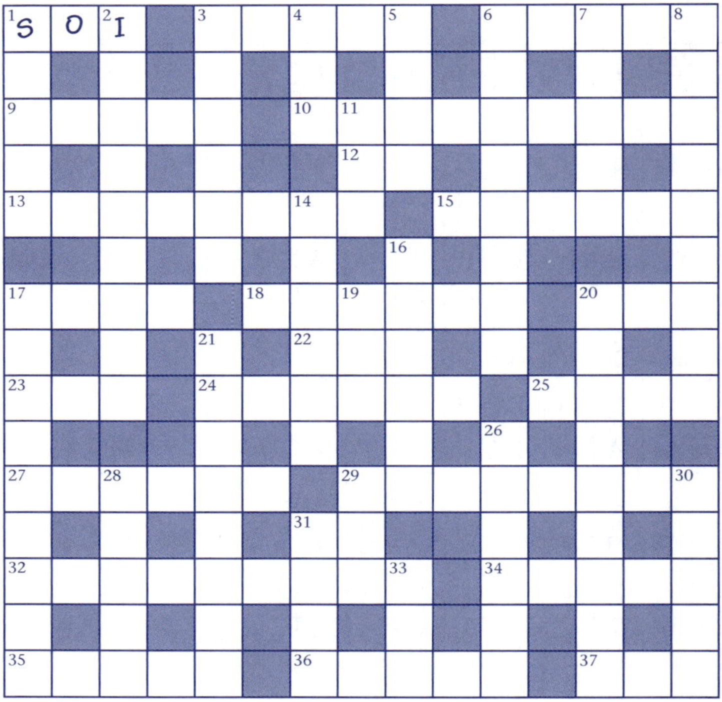

WAAGERECHT

1 Il faut toujours avoir sur s** ses papiers d'identité.

3 Je prendrai une assiette de hors-d'œuvre v****.

6 Je p**** tous les jours devant votre maison.

9 Il faut j**** à la poubelle ces vieux livres.

10 Ma blessure saigne; il faut mettre un morceau de s******** pour arrêter le sang.

12 I* est déjà tard.

13 En montagne, les rivières s'appellent des t*******.

15 Il est sourd, il e****** très mal.

17 Accompagnez-moi, venez a*** moi.

18 Les Anglais sont connus pour leur sens de l'h*****.

20 Prenez-vous du t** ou du café.

22 Est-ce que ce garçon est t** frère?

23 Les touristes sont accompagnés p** un guide.

24 Quinze et quinze font t*****.

25 Les v*** de Bordeaux sont les meilleurs du monde.

27 Il reste optimiste; il garde l'e***** de réussir son examen.

29 Il faut v******* beaucoup de courage pour traverser la Manche à la nage.

31 C*-gît un soldat inconnu mort pour la France.

32 Nous d******** d'une heure pour terminer ce travail.

34 N**** mère est institutrice.

35 Les USA comptent cinquante é****.

36 Pour a**** à la gare, vous prenez la première rue à droite.

37 Est-ce que ces affaires appartiennent à François? Oui, ce sont s** affaires.

SENKRECHT

1 Quel est le s**** de votre conférence?

2 Le ministère de l'I******** dirige l'action de la police.

3 Vous trouverez des v***** à Champagne dans le buffet.

4 Pourquoi r** tu de cette blague stupide?

5 Depuis la mort de sa femme, tout lui est devenu é***.

6 Les clients n'arrêtent pas de se p***** à cause de la mauvaise qualité des produits.

7 La laitue est une s**** de salade.

8 Les marchandises ont été e******** hier par avion à Marseille.

11 Tout va de mal en p**.

14 T**** les fois qu'il pleut, il attrape froid.

16 Pour m***** au cinquième étage, utilisez l'ascenseur B.

17 Pour passer le permis de conduire, il faut bien a******** le code de la route.

19 N'oublie pas de me rendre m** livre.

20 Les t******** sont au fond du couloir, à gauche.

21 Nous a******* votre attention sur les risques d'avalanches.

26 Vous devez s***** la feuille de présence.

28 Cette histoire se p**** au XVIe siècle.

29 Quand le v** est tiré, il faut le boire.

30 T**** voilà cinq francs pour t'acheter à boire.

31 Le c*** est la boisson préférée des Américains.

33 Ce plat est fade, il manque de s**.

Welches Wort passt in die logische Reihe?

1. printemps – été – automne – hiver
2. mai – juin – juillet – ________________
3. ______________ – vendredi – samedi –dimanche
4. janvier – ________________ – mars – avril
5. à droite – à gauche – en avant – en ________________
6. Est – ______________ – Nord – Sud
7. lundi – mardi – ________________ – jeudi
8. le passé – le ________________ – le futur
9. toujours – souvent – rarement – ________________
10. Europe – ______________ – Amérique – Asie – Océanie
11. Liberté – Egalité – ________________
12. ______________ – second – troisième – quatrième
13. l'________________ – l'adolescence – l'âge mûr – la vieillesse
14. trois – six – ______________ – douze
15. ______________ – aujourd'hui – demain – après-demain

TEST 29 Finden Sie ein Wort mit ähnlicher Bedeutung (Synonym).

acheteur automobile bienveillance blague camion ~~conducteur~~ croyance époux marchand motif nourriture travail paye perte possesseur profit

1. le chauffeur – le conducteur
2. la plaisanterie – la ____________________
3. la raison – le ____________________
4. l'emploi – l' ____________________
5. le bénéfice – le ____________________
6. le déficit – la ____________________
7. le salaire – la ____________________
8. le propriétaire – le ____________________
9. le mari – l' ____________________
10. le client – l' ____________________
11. le commerçant – le ____________________
12. la voiture – l' ____________________
13. l'amabilité – la ____________________
14. la foi – la ____________________
15. le poids lourd – le ____________________
16. le repas – la ____________________

Setzen Sie ein.

bonne Combien démarre dire et écouter faire gentil Ne Ne Où par pneumatique recommandé ~~tentes~~ trouve Vous

1. Haben Sie noch Platz für zwei Zelte? > Avez-vous encore de la place pour deux tentes ?
2. Radio hören > ____________ la radio
3. Was kostet das? / Wie teuer ist das? / Wieviel macht das? > ____________ cela coûte-t-il?
4. Ich brauche eine Luftmatratze. > J'ai besoin d'un matelas ____________________.
5. Ich möchte Salat mit Öl und Zitrone angemacht. > Je voudrais une salade assaisonnée à l'huile ____ au citron.
6. Mein Wagen springt nicht an. > Ma voiture ne ___________ pas.
7. zeitig/früh aufstehen > se lever de _________ heure
8. Der Versand der Ware erfolgt mit der Bahn. > Les marchandises seront expédiées _____ le train / chemin de fer.
9. Besteht die Möglichkeit, vegetarische Kost zu erhalten? > Est-il possible de se _________ servir des repas végétariens?
10. Ihre Firma wurde uns von ... empfohlen. > ... nous a __________________ votre société.
11. Sie müssen die Autobahn bei der nächsten Ausfahrt verlassen. > _______ devez sortir de l'autoroute à la prochaine sortie.
12. Wie nett! > Comme c'est ___________!
13. Einfahrt freihalten! > ____ pas stationner!
14. Bitte nicht berühren! > ____ pas toucher!
15. Wo ist das Bad? > ____ est la salle de bains?
16. Können Sie mir sagen, wo die Botschaft ist? > Pourriez-vous me dire où se ___________ l'ambassade?
17. von sich hören lassen > faire savoir / faire _______

TEST 31 Finden Sie die logische Entsprechung.

abeille ~~animal~~ banque bois bouche carnivore Coran eau entendre étable farine lettre musique nappe nid palais pétrole pêcher route verre

1. arbre – plante = poisson – animal
2. fusil – tirer = hameçon – ____________
3. mur – tapisserie = table – ____________
4. laine – mouton = miel – ____________
5. poisson – aquarium = vache – ____________
6. chrétien – Bible = musulman – ____________
7. rocher – pierre = arbre – ____________
8. lettre – poste = argent – ____________
9. cheval – herbivore = lion – ____________
10. oiseau – bec = homme – ____________
11. loup – tanière = oiseau – ____________
12. ski – neige = natation – ____________
13. Afrique du Sud – diamants = Arabie Saoudite – ____________
14. Molière – théâtre = Berlioz – ____________
15. train – rail = voiture – ____________
16. armoire – bois = vitre – ____________
17. chevalier – château fort = roi – ____________
18. fromage – lait = pain – ____________
19. œil – voir = oreille – ____________
20. nombre – chiffre = mot – ____________

Was passt links und rechts zusammen?

1.	la main	la nappe
2.	la lampe	la balle de tennis
3.	la banane	le doigt
4.	la table	la poire
5.	la raquette	l'ampoule

a.	le costume	la souris
b.	le livre	le fleuret
c.	l'ordinateur	la cravate
d.	le café	la page
e.	l'escrime	le sucre

I.	Paris	le bouchon
II.	l'hiver	la soif
III.	le soir	la capitale
IV.	la bouteille	le matin
V.	l'eau	la neige

A.	l'arbre	l'orthographe
B.	la télévision	l'antenne
C.	la jambe	la tranche
D.	la grammaire	la branche
E.	le pain	le pied

TEST 33 Setzen Sie ein.

bain café chemin clair cœur compris contraire corps décrocher face gagner longue malade mon montre public ~~chose~~ soir Unis veut

1. Das ist eine andere Sache. > C'est une autre chose ________.
2. Ich habe das Wort nicht verstanden. > Je n'ai pas ____________ le mot.
3. bei meiner Rückkehr > à __________ retour
4. den Hörer abnehmen > ____________________ le récepteur
5. der menschliche Körper > le _____________ humain
6. gerade gegenüber / gleich gegenüber > juste en ____________
7. öffentlicher Fernsprecher > téléphone _______________
8. die Vereinigten Staaten > les Etats-____________
9. ein Bad nehmen > prendre un ____________
10. ein offenes Wort sprechen > parler ______________ et net
11. eine Tasse Kaffee > une tasse de ____________
12. einen Preis gewinnen > _______________ un prix
13. mit dem Zug / mit der Bahn > par le _______________ de fer
14. am Abend > le ____________
15. im Laufe der Zeit > à la _______________ / avec le temps
16. in der entgegengesetzten Richtung > en sens ________________
17. Er will nicht hören. > Il ne ____________ pas écouter.
18. krank werden > tomber _______________
19. es liegt mir am Herzen > cela me tient à ______________
20. auf die Uhr sehen > regarder sa _______________

Welches Wort passt nicht in die Reihe?

1. football – volley-ball – tennis – ~~équitation~~
2. fille – jumelles – mère – grand-mère
3. entrée – dessert – soupe – plat principal
4. saucisse – jambon – lard – huîtres
5. langue – yeux – lèvre – dent
6. orteil – jambe – os – pied
7. sauce – sel – poivre – cannelle
8. Mars – Jupiter – Terre – Soleil
9. cigogne – écureuil – aigle – perroquet
10. bélier – vierge – poissons – zodiaque
11. S.A. – B.N.P. – S.A.R.L. – S.N.C.
12. rein – langue – cœur – foie
13. style – roman – gothique – classique
14. Noël – Pâques – Pentecôte – vacances
15. juge – avocat – procureur – tribunal
16. tulipe – arbre – rose – violette
17. peintre – sculpteur – maçon – graveur
18. loterie – échecs – roulette – tiercé
19. député – sénateur – ambassadeur – ministre
20. porc – veau – bœuf – hareng

TEST 35 Was passt links und rechts zusammen?

1.	la moustache	le pape
2.	l'Eglise	le tonnerre
3.	l'éclair	l'essence
4.	le vin	le verre
5.	la voiture	la barbe

a.	la chemise	l'instituteur
b.	la musique	la partition
c.	le ciel	le nuage
d.	le sport	le col
e.	l'écolier	les jeux olympiques

I.	le juge	le miel
II.	la question	le bouquet
III.	la fleur	la réponse
IV.	le vice	la vertu
V.	l'abeille	le bourreau

A.	la canicule	la piscine
B.	l'argent	les plans
C.	les élections	l'été
D.	la natation	les partis politiques
E.	l'architecte	le porte-monnaie

Finden Sie die logische Entsprechung.

boulanger cheval continent cuir doux fleuve griffer île intelligence malheureux nez notes ~~peindre~~ plafond pleurer pommier poubelle ramper rond taille

1. photo – photographier = peinture – peindre
2. éléphant – trompe = homme – ____________________
3. pull-over – laine = ceinture – ____________________
4. poli – politesse = intelligent – ____________________
5. Belgique – pays = Europe – ____________________
6. voiture – moteur = fiacre – ____________________
7. blanc – noir = heureux – ____________________
8. joie – rire = tristesse – ____________________
9. Europe – continent = Corse – ____________________
10. Atlantique – océan = Seine – ____________________
11. écriture – lettres = musique – ____________________
12. kilo – poids = mètre – ____________________
13. tapis – plancher = lustre – ____________________
14. moutarde – relevé = sucre – ____________________
15. chien – mordre = chat – ____________________
16. triangle – anguleux = cercle – ____________________
17. mouche – voler = serpent – ____________________
18. boucherie – boucher = boulangerie – ____________________
19. marron – marronnier = pomme – ____________________
20. cigarette – cendrier = ordure – ____________________

TEST 37 Kreuzworträtsel

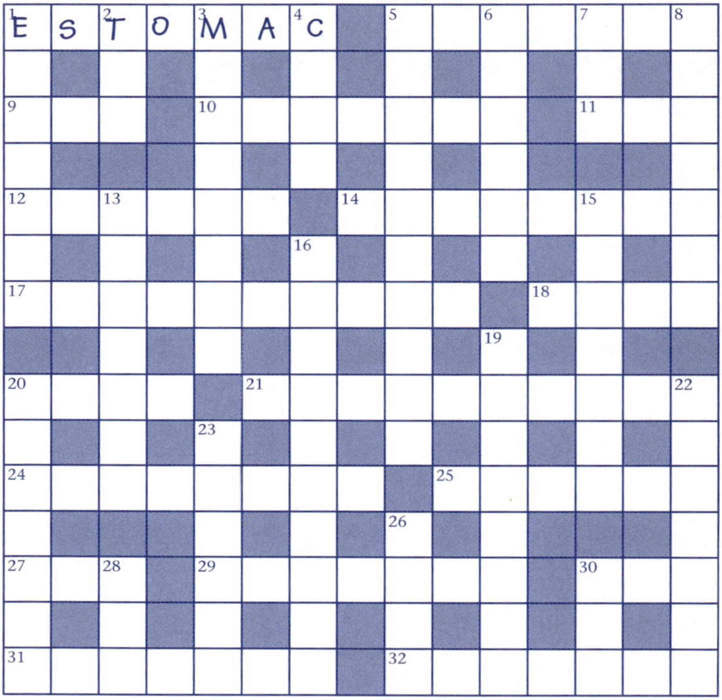

WAAGERECHT

1 La bière est très efficace contre les maux d'e******.

5 Demain, il se p****** quelque chose d'extraordinaire.

9 A la f** du film, le héros meurt.

10 Son appartement est très sale, il ne n****** jamais rien.

11 Je ne trouverai jamais la solution, c'est trop d**.

12 Il ne se sent pas bien; il n'est pas dans son état n*****.

14 Cette bouteille c******* de l'huile

17 S********* est le diminutif de savon.

18 Il vaut mieux ê*** riche et bien portant que pauvre et malade.

20 S*** argent, on ne peut rien obtenir.

21 Une chose ne vaut que par l'i********* qu'on lui donne.

24 P******* ne peut m'aider.

25 Les enfants aiment bien ouvrir le p***** qui contient le cadeau.

27 Ils o** eu ce qu'ils méritaient.

29 Seul un m****** de fourrure protège efficacement contre le froid.

30 Mon n** est Henri Dubois.

31 La voiture est tombée en panne parce qu'il n'y avait plus d'e****** dans le réservoir.

32 Le moteur chauffe, il faut l'a****** tout de suite.

SENKRECHT

1 J'ai deux e******, un garçon et une fille.

2 Tu rateras t** avenir, toi.

3 L'alpinisme est un sport de m*******.

4 La C*** d'Azur est l'une des régions les plus visitées par les touristes en France.

5 Le travail est payé en p********* des risques.

6 En été, j'aime bien faire une s***** après le déjeuner.

7 Je passe le week-e** à la campagne.

8 La voiture est a****** au bord de la route.

13 Nous nous sommes perdus; il faut r****** sur nos pas.

15 Il est complètement sourd; il n'a rien e****** de notre conversation.

16 Les bureaux sont fermés le dimanche, mais il y a une p********* en cas d'urgence.

19 Le général a donné l'ordre d'a******* à l'aube.

20 Il y a ce que l'on sait et ce que l'on ignore; entre les deux, il y a ce que l'on s******.

22 Le feu n'a pas pu e****** le vieil arbre.

23 La destinée de Napoléon est hors du c*****.

26 Demain, il s*** trop tard.

28 Tu peux ranger t** affaires dans cette armoire.

30 Votre salaire n** s'élèvera à 7.800 F.

TEST 38 Mit welchen Körperteilen kann man das tun?

1. embrasser? la bouche
2. mâcher? ______
3. penser? ______
4. donner des coups? ______
5. voir? ______
6. sentir? ______
7. entendre? ______
8. toucher? ______
9. écrire? ______
10. tourner la tête? ______
11. respirer? ______
12. courir? ______
13. appuyer sur une pédale? ______
14. serrer quelqu'un contre soi? ______

Wie heißt die Hauptstadt des Landes?

1. Belgique - [exrlulBes] Bruxelles
2. Bulgarie - [oiSfa] ________________
3. Danemark - [gueCponhea] ________________
4. France - [iaPsr] ________________
5. Grèce - [tèesnAh] ________________
6. Royaume-Uni - [edosLrn] ________________
7. Italie - [oeRm] ________________
8. Yougoslavie - [geaedrBl] ________________
9. Norvège - [solO] ________________
10. Autriche - [einVne] ________________
11. Allemagne - [lenBir] ________________
12. Croatie - [erZbga] ________________
13. Pologne - [asveVori] ________________
14. Roumanie - [auetcrsB] ________________
15. Russie - [cousMo] ________________
16. Suède - [htclkSomo] ________________
17. Suisse - [eneBr] ________________
18. République tchèque - [greaPu] ________________
19. Hongrie - [tauedpBs] ________________
20. Ukraine - [viKe] ________________
21. Espagne - [dardMi] ________________
22. Portugal - [ienbsnLo] ________________

TEST 40 Kreuzworträtsel

WAAGERECHT

1 J'aime bien boire du vin c**** en hiver.

4 A l'école, on met du s******** sur la bouche des élèves bavards.

9 Il ne peut p** venir aujourd'hui.

10 Il y a un courant d'air. Ferme la f***** du salon.

11 Le livre est posé s** la table.

12 C***** voit midi à sa porte.

14 Je r****** tous ceux qui ont bien voulu m'aider.

16 Notre revue paraît une fois par t********.

18 Demain, il s*** peut-être trop tard.

21 Je pense, donc je s***.

22 Les journalistes ne sont pas a******** à prendre des photos du criminel.

24 M******* et Messieurs, le spectacle va commencer.

25 Vous devez e***** par la porte de service.

27 T** est pris qui croyait prendre.

29 Notre voiture est a****** contre le vol.

30 Toute chose a une f**.

31 Les h******** les plus courtes sont les meilleures.

32 La r**** de Paris à Reims est bloquée par une manifestation d'agriculteurs.

SENKRECHT

1 Cet élève a de grandes c********.

2 La guerre de Cent a** a opposé les Français aux Anglais.

3 Notre entreprise se propose de d******* vos produits sur le marché allemand.

4 Cette rue est à s*** unique.

5 Il est temps de partir, a******** nous manquerons notre train.

6 Nous allons vous a***** en voiture jusqu'à votre hôtel.

7 Je r** encore de cette bonne plaisanterie.

8 Une p**** doit être ouverte ou fermée.

13 Les a****** d'enfance sont les plus solides.

15 Nous avons dû c***** longtemps avant de trouver le trésor.

17 Blériot a été le premier à réussir à t******** la Manche en avion.

19 Nous avons souscrit une a********-vie en faveur de notre neveu.

20 Le principal objectif de la politique étrangère du général de Gaulle était de restaurer la g******* de la France dans le monde.

23 Le l***** est bouché, il faut appeler le plombier.

24 Le m**** France Allemagne aura lieu au stade de Lille.

26 On distingue deux types de commerce: celui de détail et celui en g***.

28 L** peut être un pronom ou un article.

30 Maupassant est mort f**.

TEST 41 Finden Sie waagerecht oder senkrecht 17 Getränke.

B	C	**L**	**I**	**Q**	**U**	**E**	**U**	**R**	G	D	C
V	I	N	W	S	U	I	B	M	K	L	A
P	F	J	H	O	G	M	I	N	A	I	F
A	A	G	I	D	H	Y	E	S	E	M	É
N	A	K	S	A	W	Z	R	M	K	O	B
A	H	T	K	C	W	C	E	X	Q	N	M
C	E	A	Y	E	C	I	D	R	E	A	T
H	F	A	P	E	R	I	T	I	F	D	I
E	A	J	O	S	E	A	U	G	F	E	P
D	I	G	E	S	T	I	F	L	A	I	T
T	H	É	C	H	O	C	O	L	A	T	M
C	O	G	N	A	C	P	A	S	T	I	S

Setzen Sie ein.

ancien arriver avaler chose Comment déchargée déclaration dîner ennuis il Il laver moi nettoyer plaisir prudent ~~sud~~ traduire vive zéro

1. nach Süden > vers le sud
2. Das Bügeleisen ist an, sei vorsichtig. > Le fer à repasser est allumé, sois ______.
3. Lass das meine Sorge sein! > Laisse-______ faire!
4. Hat man je so was gesehen? > N'a-t-on jamais vu ______ pareille?
5. über Null > au-dessus de ______
6. Ich habe Probleme mit dem Schlucken und dem Atmen. > J'ai du mal à ______ et respirer.
7. Ich möchte eine Aussage machen. > Je voudrais faire une ______.
8. schnell fahren > rouler à ______ allure / conduire vite
9. Gefallen finden an > se plaire à / prendre ______ à
10. mein alter Lehrer > mon ______ maître
11. Bestellen Sie mir bitte ein Taxi. > S'____ vous plaît, appelez-moi un taxi.
12. sich die Zähne putzen > se brosser / se ______ les dents
13. Die Batterie ist entladen. > La batterie est ______.
14. Bitte reinigen Sie diese Kleidungsstücke. > Veuillez ______ ces vêtements.
15. ins Deutsche übersetzen > ______ en allemand
16. Wie geht es Ihnen? > ______ allez-vous?
17. Irgend etwas stimmt nicht mit dem Motor. > J'ai des ______ avec mon moteur.
18. Es gab einen Unfall. > ____ y a eu un accident.
19. zu Abend essen > ______
20. zur rechten Zeit / pünktlich ankommen > ______ à l'heure

TEST 43 Finden Sie die logische Entsprechung.

bijoutier bock Bulgarie ~~capitaine~~ chocolat crépuscule demander défense départ dollar eau employé Espagne écrire étroit océan pont toit tôt travailleur

1. avion – pilote = bateau – capitaine
2. haut – profond = montagne – ____________________
3. autoroute – large = chemin – ____________________
4. propriétaire – locataire = employeur – ____________________
5. médicament – pharmacien = bijou – ____________________
6. montagne – tunnel = fleuve – ____________________
7. Ankara – Turquie = Sofia – ____________________
8. farine – pain = cacao – ____________________
9. commencement – fin = aube – ____________________
10. Stockholm – Suède = Madrid – ____________________
11. attaquer – défendre = attaque – ____________________
12. Suisse – franc = Etats-Unis – ____________________
13. promeneur – parapluie = maison – ____________________
14. merci – remercier = s'il vous plaît – ____________________
15. désert – sable = mer – ____________________
16. livre – lire = lettre – ____________________
17. soir – tard = matin – ____________________
18. jeu – joueur = travail – ____________________
19. arriver – arrivée = partir – ____________________
20. café – tasse = bière – ____________________

Stimmt das?

1. Plus il pleut, plus on trouve de champignons. Vrai
2. Victor Hugo est un musicien français. Faux
3. Le locataire doit payer un loyer. ___________
4. Rennes est la capitale de la Bretagne. ___________
5. L'escargot a quatre pattes. ___________
6. L'Elbe prend sa source en France. ___________
7. La statue de la Liberté se trouve à Paris. ___________
8. Les poules ont des dents. ___________
9. La Guadeloupe est un département français. ___________
10. Napoléon est enterré à Londres. ___________
11. La feuille de tilleul est le symbole du Canada. ___________
12. Dans certaines régions de Louisiane, on parle encore un dialecte français. ___________
13. On surnomme Louis XIV le roi soleil. ___________
14. Chaque français boit en moyenne plus de cent litres de vin par an. ___________
15. Le Président de la République est élu en France pour huit ans. ___________
16. Ma tante est la sœur de mon père. ___________
17. Les abeilles peuvent produire du lait. ___________
18. Après Paris, Montréal est la plus grande ville francophone du monde. ___________
19. La Belgique est bordée par la Manche. ___________
20. Le Mont-Blanc se trouve en Suisse. ___________

TEST 45 Kreuzworträtsel

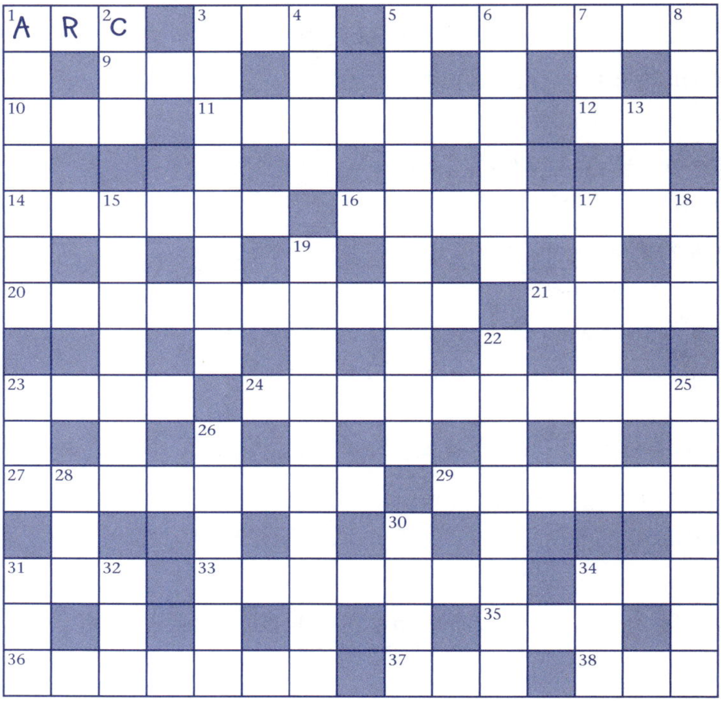

WAAGERECHT

1 Il faut avoir plusieurs flèches à son a**.

3 Je r** chaque fois que j'entends cette blague.

5 Attention! Chien m******!

9 J'habite r** des Bouchers.

10 Il n'y a que chez s** qu'on se sent vraiment bien.

11 Vous habitez donc dans les p******?

12 Le s** de ce violon est très beau.

14 Notre fournisseur nous a accordé une r***** de 15% en raison de l'importance de notre commande.

16 A*******-tu faire une promenade à cheval?

20 Ce meuble ancien est très difficile à e*********.

21 G*** est le contraire de maigre.

23 Où es ta sœur? E*** est allée faire les courses.

24 Je cherche une boîte d'a********* pour allumer le gaz.

27 Vous d******* de cinq minutes pour faire connaître votre décision.

29 L'e***** est humaine, mais y persévérer est diabolique.

31 Cet enfant est autiste, il ne d** jamais rien.

33 Ces volets f****** mal, le jour passe au travers.

34 Du haut de cette tour, on a une très belle v** sur la vieille ville.

35 T** et moi, si nous travaillions ensemble, nous pourrions faire de grandes choses.

36 J'ai une mauvaise mémoire; je r****** difficilement les numéros de téléphone par cœur.

37 Cette photographie fera la u** du journal.

38 Si vous acceptez, e** refuseront.

SENKRECHT

1 Notre voiture est a****** contre le vol.

2 Quand Marie a reçu sur elle de l'eau bouillante, elle a poussé un c** de douleur.

3 A force de passer et de r******* par le même endroit, je finis par connaître tout le monde.

4 Le hasard décide du s*** des batailles.

5 Assister au lever du soleil au sommet des Alpes est un spectacle m*********.

6 Faites attention à ne pas c***** ces assiettes en porcelaine; elles sont très fragiles.

7 Je viens d'avoir quinze a**.

8 Cette cantatrice chante un t** trop haut.

13 Il faut vous décider: c'est o** ou non.

15 Je n'arrive par à dormir; ce m****** est plein de puces.

17 La voiture était a****** au bord de la route.

18 C'est Pierre avec s** amis.

19 Les m********* plaisanteries sont les plus courtes.

22 Je r******* sincèrement de vous déranger si tard.

23 Ce week-e**, je pars à la mer.

25 Vous n'êtes pas s******! C'est une plaisanterie!

26 Le c*****-fort a été ouvert par un cambrioleur. Heureusement, il ne contenait aucun objet de valeur.

28 Vous êtes i** chez vous.

30 Personne n'est v*** vous voir hier.

31 Je n'arrive pas à trouver la solution du problème; c'est trop d** pour moi.

32 Il n'est que 18 heures, c'est trop t** pour dîner.

34 La v** de Victor Hugo est passionnante.

Finden Sie die logische Entsprechung.

branche écouter fabriquer frontière guidon ingénieur jour jument lait lumière mort papier patient peintre poste ~~restaurant~~ Roumanie sourd température théâtre

1. Bible – église = menu – restaurant
2. Oslo – Norvège = Bucarest – ____________
3. abeille – miel = vache – ____________
4. hôpital – malade = cimetière – ____________
5. montre – heure = thermomètre – ____________
6. maison – escalier = arbre – ____________
7. instituteur – écolier = médecin – ____________
8. université – étudier = usine – ____________
9. voiture – garage = lettre – ____________
10. œil – aveugle = oreille – ____________
11. journal – lire = musique – ____________
12. lune – nuit = soleil – ____________
13. auto – volant = bicyclette – ____________
14. coffre-fort – acier = enveloppe – ____________
15. tonnerre – bruit = éclair – ____________
16. jardin – clôture = pays – ____________
17. homme – femme = cheval – ____________
18. maison – architecte = barrage – ____________
19. piano – musicien = pinceau – ____________
20. film – cinéma = tragédie – ____________

TEST 47 Wie heißt das Gegenteil (Antonym)?

aube dépense enfant faiblesse franchise générosité instituteur intelligence jeunesse joie ~~ouvrable~~ patient peur professeur refus récompense

1. le jour férié – le jour ouvrable
2. la punition – la ____________________
3. l'acceptation – le ____________________
4. le médecin – le ____________________
5. la recette – la ____________________
6. l'étudiant – le ____________________
7. l'écolier – l'____________________
8. la vieillesse – la ____________________
9. la bêtise – l'____________________
10. le courage – la ____________________
11. l'adulte – l'____________________
12. la peine – la ____________________
13. l'avarice – la ____________________
14. l'hypocrisie – la ____________________
15. la force – la ____________________
16. le crépuscule – l'____________________

Finden Sie waagerecht oder senkrecht 18 Familienmitglieder.

S	N	E	V	E	U	F	C	Z	S	O	Z
M	E	R	E	A	R	Q	O	C	P	N	X
O	C	W	P	C	D	J	U	M	A	C	C
V	G	E	N	D	R	E	S	A	R	L	E
P	E	R	E	M	X	F	I	R	R	E	R
B	A	C	O	U	S	I	N	R	A	O	R
F	I	L	L	E	N	O	E	A	I	X	A
B	N	N	B	S	I	W	P	I	N	T	F
R	C	U	K	Œ	E	H	K	N	F	A	R
U	A	C	S	U	C	Q	E	E	I	N	E
F	E	**P**	**A**	**R**	**E**	**N**	**T**	**S**	L	T	R
S	N	E	N	F	A	N	T	S	S	E	E

TEST 49 Kreuzworträtsel

WAAGERECHT

1 Avant de prendre une décision, il faut p**** le pour et le contre.

4 Nous avons eu une c******** de pneu sur l'autoroute.

9 Il faut vous décider: c'est o** ou non?

10 Une heure est divisée en soixante m******.

11 C** et sept sont des homonymes.

12 Il arrive toujours à l'heure e*****.

14 „Non, je ne r******* rien" est le titre d'une célèbre chanson d'Edith Piaf.

17 Les a********* sont parfois trompeuses.

18 En Suisse, il y a un a*** antiaérien dans chaque habitation.

21 „E***" est le titre d'un magazine féminin publié dans le monde entier.

22 Je dois acheter ce m********* dans une pharmacie.

24 Tous les hôtels affichaient complet. J'ai dû p******* une chambre avec un inconnu.

25 Cet enfant ne cesse de se m***** de son instituteur: il lui répond de façon à faire rire toute la classe.

27 Le s** de ce violon n'est pas beau.

29 Je reviens dans un i******.

30 La musique est trop forte, pouvez-vous mettre le son plus b**.

31 Les journalistes ne sont pas a******** à prendre de photos de l'accident.

32 Il ne r**** plus que trois semaines avant les examens.

SENKRECHT

1 Le soir, j'aime bien faire une p******** le long de la mer.

2 Cela va de s**.

3 Il ne faut jamais r******* à plus tard ce qu'on peut faire aujourd'hui.

4 Dix est un multiple de c***.

5 Ils restent de longs moments à s'e********* à voix basse.

6 Je suis a***** contre le vol et l'incendie.

7 Les pommes de terre sont vendues par s** de cinq kilos.

8 N**** projet n'a suscité aucun enthousiasme chez nos auditeurs.

13 Pour a****** la Suisse, composez le 00 41.

15 Le déjeuner des canotiers est un célèbre t****** de Renoir.

16 Les étudiants sont très i********* par le cours de philosophie.

19 Il ne s'i******** qu'au sport.

20 Mes parents aimaient me r******* des contes de fées quand j'étais enfant.

23 Marie et François vont se m***** dans un mois. Ils se sont fiancés au début de l'année.

24 Victor Hugo p**** dix-huit ans de sa vie en exil.

26 L'Union européenne réunit quinze p***.

28 Je veux en avoir le cœur n**.

30 L'arrêt du b** est à cent mètres.

TEST 50 Finden Sie die logische Entsprechung.

abreuver Asie bière boulangerie ~~chaussure~~ drôle embrasser Egypte fort jardin jardinier laisse metteur en scène mélodie poète pointue poisson refuser sauce sauvage

1. horloger – montre = cordonnier – chaussure
2. ancre – chaîne = chien – ____________________
3. aile – oiseau = nageoire – ____________________
4. cuisinier – cuisine = jardinier – ____________________
5. salade – vinaigrette = rôti – ____________________
6. mot – phrase = ton – ____________________
7. couteau – aigu = aiguille – ____________________
8. Seine – France = Nil – ____________________
9. vigneron – vin = brasseur – ____________________
10. symphonie – compositeur = sonnet – ____________________
11. mains – caresser = lèvres – ____________________
12. affirmer – infirmer = accepter – ____________________
13. violon – tambour = bas – ____________________
14. Sénégal – Afrique = Viêt-Nam – ____________________
15. cinéma – réalisateur = théâtre – ____________________
16. viande – boucherie = pain – ____________________
17. chien – domestique = ours – ____________________
18. tragédie – triste = comédie – ____________________
19. cuisine – cuisinier = jardin – ____________________
20. plante – arroser = animal – ____________________

Setzen Sie ein.

Agiter caisse demande distance été fait idée manteau obtenir on pièces pieds Qui ~~rien~~ rue sans sans Ses traverser voiture

1. Das führt zu nichts. > Cela ne mène à rien______.
2. Lasst uns einen Wagen anhalten. > Arrêtons une ______________.
3. dauernd / immer wieder / in einem fort > ________ cesse
4. Ich möchte einen alkoholfreien Aperitif. > Je voudrais un apéritif ________ alcool.
5. Seine intellektuellen Fähigkeiten sind toll. > ______ capacités intellectuelles sont formidables.
6. Der Sommer ist vorbei. > L'______ est fini.
7. die Straße überqueren / über die Straße gehen > traverser la _____
8. Wie heißt das auf Deutsch? > Comment dit-___ cela en allemand?
9. Sie werden am Telefon verlangt. > On vous ______________ au téléphone.
10. ein komischer Einfall > une drôle d'________
11. eine Stelle erhalten > ______________ un emploi
12. einen Mantel tragen > porter un ______________
13. Wir haben nicht die nötigen Ersatzteile. > Nous n'avons pas les ____________ de rechange nécessaires.
14. Vor Gebrauch schütteln! > ____________ avant l'emploi!
15. Ist das heiß! > Qu'il ________ chaud!
16. Zu wem wollen Sie? > ______ demandez-vous?
17. auf Zehenspitzen > sur la pointe des __________
18. durch einen Fluss schwimmen > __________________ une rivière à la nage
19. aus der Entfernung / von fern / aus der Ferne / von weitem > à ________________
20. Muss ich an der Kasse zahlen? > Dois-je payer à la ____________?

TEST 52 Finden Sie waagerecht oder senkrecht 30 Körperteile.

E	**T**	**A**	**L**	**O**	**N**	W	J	W	X	A	T	I	Z	W	C
W	G	R	O	Y	F	R	O	N	T	M	A	I	N	P	S
F	A	B	B	Q	Y	H	U	E	P	A	U	L	E	O	X
W	H	U	M	J	V	D	E	D	S	Y	A	C	O	I	G
O	T	L	C	H	E	V	E	U	X	E	M	O	R	G	F
D	N	E	S	P	C	I	C	D	H	U	E	U	T	N	V
Q	Y	Q	D	O	S	S	U	E	A	X	N	D	E	E	T
I	M	T	F	W	C	A	I	N	N	Q	T	E	I	T	K
T	K	T	E	M	L	G	S	T	C	K	O	U	L	J	C
O	B	X	S	S	M	E	S	E	H	Y	N	G	C	A	H
Z	R	V	S	H	P	N	E	Z	E	J	D	Y	T	M	R
H	A	L	E	P	L	E	V	R	E	S	K	A	T	B	N
I	S	P	S	P	H	P	O	I	T	R	I	N	E	E	R
W	B	O	U	C	H	E	G	E	N	O	U	S	E	I	N
O	N	G	L	E	D	O	I	G	T	Y	P	I	E	D	O
C	O	U	O	R	E	I	L	L	E	S	X	W	T	D	H

1. P__TR_N_
2. _R__LL_S
3. P__GN_T
4. CH_V__X
5. V_S_G_
6. _RT__L
7. C__SS_
8. H_NCH_
9. F_SS_S
10. _P__L_
11. M_NT_N
12. L_VR_S
13. B__CH_
14. _NGL_
15. C__D_
16. G_N__
17. T_L_N
18. J_MB_
19. D__GT
20. FR_NT
21. J___
22. P__D
23. S__N
24. M__N
25. BR_S
26. D_NT
27. Y__X
28. D_S
29. C__
30. N_Z

Was passt links und rechts zusammen?

1.	fleurs	billet
2.	voiture	couvercle
3.	casserole	coffre
4.	café	vase
5.	train	sucre

a.	soupe	thermomètre
b.	fièvre	couteau
c.	neige	cuiller
d.	saucisse	rampe
e.	escalier	ski

I.	bicyclette	piste
II.	théâtre	bière
III.	cirque	scène
IV.	sac	cuir
V.	brasserie	sonnette

A.	zoo	impôt
B.	ciel	aquarium
C.	fisc	animaux
D.	cabaret	danse
E.	poissons	étoiles

TEST 54 Setzen Sie ein.

assez autant avance bas basse candidature dormant égard fonctionnent importance Je long ~~provient~~ sa savoir sens son tiens trembler véhicule

1. Das Salz kommt aus dem Toten Meer. > Ce sel provient de la mer Morte.
2. Ich habe es satt! > J'en ai ________!
3. leise sprechen > parler ______ / à voix basse
4. gespannt sein auf > être curieux de ___________
5. Besten Dank für Ihre Bewerbung. > Nous vous remercions de votre ____________________.
6. sich auf etwas freuen > se réjouir à l'__________ de quelque chose
7. Die Bremsen funktionieren nicht richtig. > Les freins ne ______________________ pas bien.
8. mit leiser Stimme > à voix _________
9. Bitte schleppen Sie mein Fahrzeug ab. > Veuillez remorquer mon _______________.
10. im Schlaf > en _____________
11. in diesem Punkt / in dieser Beziehung > à cet _________
12. von größter Wichtigkeit > de la plus grande _________________
13. vor Kälte zittern > ______________ de froid / frissonner de froid
14. soviel wie möglich > ___________ que possible
15. Er versteht keinen Spaß. > Il n'a pas le _______ de l'humour.
16. es liegt mir daran, dass > je _____ à ce que
17. Es tut mir Leid, wir haben keine Zimmer frei. > ____ regrette, nous n'avons plus de chambres libres.
18. zu Ende gehen > toucher à ____ fin
19. ruhig bleiben / die Ruhe bewahren > garder _____ calme
20. zwei Meter lang sein > avoir deux mètres de _______

Welches Wort passt nicht in die Reihe?

1. banane – framboise – ~~essence~~ – fraise
2. respirer – cuire – souffler – inspirer
3. bleu – marron – dur – jaune
4. rester – sauter – sautiller – grimper
5. tableau – vase – pendule – montagne
6. éclair – tonnerre – foudre – lune
7. voiture – boîte aux lettres – sonnette – porte
8. librairie – coiffeur – droguerie – pompier
9. brosse – crème – fourchette – peigne
10. papier – jardin – barrière – véranda
11. ordinateur – ceinture – gant – chemise
12. Danemark – Grèce – Suède – Finlande
13. couvercle – bouchon – allumette – assiette
14. Pologne – Allemagne – Autriche – Suisse
15. Etats-Unis – France – Australie – Grande-Bretagne
16. Chili – Argentine – Brésil – Uruguay
17. été – décembre – automne – hiver
18. discothèque – musique – danse – cimetière
19. bête – égoïste – sympathique – intolérant
20. oiseau – insecte – animal – toit

TEST 56 Wie viele Autoteile können Sie finden?

Die senkrechte Reihe ergibt ein weiteres.

				P	H		**R**					
						P		D		L		
			C		P		**T**					
						F	**R**			N		
			K	L		X		N				
							V		L		N	T
				R		D						
							S			G		
				P		R		C	H		C	
	M	B	R					R				
			C		F	F	**R**					

Finden Sie die logische Entsprechung.

~~acide~~ Autriche bas chien collier coucher Chine Christianisme dentiste enquêter frère fruit guerre haïr jour livres page rouge semaine université

1. pamplemousse – amer = vinaigre – acide
2. seconde – minute = heure – ______
3. arbre – feuille = livre – ______
4. Mahomet – Islam = Christ – ______
5. kiosque – journaux = librairie – ______
6. vent – tempête = conflit – ______
7. tigre – chat = loup – ______
8. janvier – année = jeudi – ______
9. doigt – bague = cou – ______
10. concombre – vert = tomate – ______
11. bruit – silence = fort – ______
12. Moscou – Russie = Pékin – ______
13. cœur – cardiologue = dent – ______
14. orge – céréale = pêche – ______
15. fille – garçon = sœur – ______
16. Rome – Italie = Vienne – ______
17. élève – école = étudiant – ______
18. ami – aimer = ennemi – ______
19. matin – soir = se lever – se ______
20. tribunal – juger = police – ______

TEST 58 Kreuzworträtsel

WAAGERECHT

1 Ayez l'amabilité de p**** mes bagages dans la chambre.

4 L'hôtelier souhaite la b******** aux clients qui viennent d'arriver.

9 Faire une réponse de Normand signifie ne dire ni o** ni non.

10 Une heure compte soixante m******.

11 T** ou tard, la vérité finira par sortir.

12 L'horloge parlante donne l'heure e*****.

14 Je dois me faire arracher cette dent par le d*******.

17 On ne doit pas juger les gens sur les a*********.

18 Q*** de neuf?

21 Madame n'a pas soupé, e*** n'a pris que du thé.

22 Ce m********* est très efficace contre la grippe.

24 Il essaie de p****** son temps entre la littérature et l'enseignement.

25 Prenez le temps de bien g***** ce plat.

27 Elle ne sort jamais sans son s** à main.

29 Je reviens dans un i******.

30 Les acteurs ne doivent pas tourner le d** au public.

31 Les chiens ne sont pas a******** à entrer dans les magasins d'alimentation.

32 Elle r**** pendant des heures à regarder la télévision.

SENKRECHT

1 Tous les jours, je fais une longue p******** avec mon chien.

2 On ne vit vraiment bien que chez s**.

3 Il ne faut pas r******* à plus tard ce qu'on peut faire aujourd'hui.

4 Dans les westerns, ce sont toujours les b*** qui l'emportent sur les méchants.

5 Pour e********* sa mémoire, il apprend par cœur des poèmes.

6 Le programme du voyage prévoit une v***** guidée du château de Versailles.

7 Il faut distinguer le salaire n** du salaire brut.

8 Andorre est situé e**** la France et l'Espagne.

13 Il est très malade, il faut a****** le médecin tout de suite.

15 L'adverbe s****** est le contraire de rarement.

16 Les étudiants i********* par un séjour d'études à l'étranger sont invités à retirer un dossier au secrétariat.

19 Elle s'i******** davantage au sport qu'à ses études.

20 Ce vieil homme aime r******* des souvenirs de sa jeunesse.

23 Paul et Marie sont fiancés depuis trois mois, ils doivent se m***** en avril.

24 Saint Louis p**** plusieurs années en captivité en Egypte.

26 Je ne s*** rien, mais je dirai tout.

28 Sept et c** sont des homonymes.

30 Il passe d** heures à regarder sa collection de timbres.

TEST 59 Welches Wort passt nicht in die Reihe?

1. ~~antipathique~~ – charmant – aimable – serviable
2. serviette – éponge – peignoir – casserole
3. hockey sur glace – escrime – patinage artistique – luge
4. canard – oie – âne – poule
5. tante – belle-sœur – nièce – couverture
6. crier – respirer – parler – appeler
7. groseille – cerise – aubergine – abricot
8. chèque – carte de crédit – porte-monnaie – traite
9. élan – éléphant – élégant – gazelle
10. marteau – clou – vis – papier
11. plancher – tapis – tableau – moquette
12. visage – doigt – main – ongle
13. chaussure – espadrille – sandale – chapeau
14. mouche – chèvre – abeille – guêpe
15. tambour – guitare – violon – alto
16. football – golf – handball – ballet
17. épicerie – pâtisserie – boulangerie – dentiste
18. vendre – commercer – dormir – acheter
19. pipe – cigare – cigarette – praline
20. grossier – distingué – chic – raffiné

Setzen Sie ein.

aille application bonne comble de demie font invitation jour juger le manger ~~nuit~~ pied quoi raison sens suite venir zéro

1. nachts / in der Nacht > pendant la nuit
2. halb zehn > neuf heures et ________
3. Das ist die Höhe! / Das ist der Gipfel! > C'est le ________!
4. Ich muss weggehen. > Il faut que je m'en ________.
5. Sechs durch zwei ist drei. > Six divisé par deux ________ trois.
6. Besuch mich mal! > Viens me voir un ________!
7. sich satt essen > ________ à son appétit / à sa faim
8. ein triftiger/plausibler Grund > une ________ bien fondée
9. eine frohe Nachricht > une ________ nouvelle
10. einer Einladung folgen > accepter une ________
11. mir ist schlecht/übel > je me ________ mal / j'ai mal au cœur
12. Bitte tanken Sie voll. > Faites ____ plein, s'il vous plaît.
13. in Kraft treten > entrer en vigueur / entrer en ________
14. und so weiter / und so fort > et ainsi de ________
15. vor Kälte zittern > trembler ____ froid
16. irgend etwas > n'importe ________
17. es für nötig halten > ________ nécessaire
18. es wird schon werden/gehen > cela va ________
19. zu Fuß gehen > aller à ________
20. zwei zu null > deux buts à ________

TEST 61 Stimmt das?

1. La Lune est plus grande que le Soleil. Faux
2. La choucroute est un dessert. ________
3. Dans le brouillard, la visibilité est faible. Vrai
4. Le Rhône coule à Lyon. ________
5. Le festival de Cannes est consacré au théâtre. ________
6. En Suisse romande, on dit nonante au lieu de quatre-vingt-dix. ________
7. Faire une promenade sous la grêle est très agréable. ________
8. Pour planter un clou, on utilise un marteau. ________
9. On surnomme la France l'Hexagone. ________
10. Le siège du parlement européen est à Strasbourg. ________
11. Le diesel est une boisson sans alcool. ________
12. La principauté d'Andorre est située entre la France et l'Espagne. ________
13. La tulipe est un poisson qu'on ne trouve que dans la Loire. _____
14. *Le Comte de Monte Christo* est le titre d'un roman de Balzac. _____
15. Le calvados est fabriqué à partir de poires. ________
16. Paris est divisé en vingt arrondissements. ________
17. La luge ne peut se pratiquer qu'en été. ________
18. Le coq est l'emblème de l'équipe de France de football. ________
19. Le général de Gaulle a été le premier président de la Ve République. ________
20. Aux Antilles, on parle le créole. ________

Schreiben Sie den Text mit Leerzeichen und Satzzeichen.

LAGASTRONOMIEENFRANCE

LATABLETIENTUNROLEPARTICULIERENFRANCEAUCOU
RSDESSIECLESUNEGRANDETRADITIONGASTRONOMIQUE
S'ESTFORMEEENCOREAUJOURD'HUILESFRANÇAISPAS
SENTENMOYENNEDEUXFOISPLUSDETEMPSQUELEURSVOISI
NSEUROPEENSATABLEILN'ESTD'EVENEMENTQUINEDONN
EL'OCCASIONDEFAIREUNGRANDREPASCHAQUEREGIONPOSSE
DESESSPECIALITESAUSUDONCUISINEAL'HUILED'OLIVEA
LORSQU'AUNORDONUTILISEDAVANTAGELEBEURREOULA
CREMELARICHESSEDUSOLETLADIVERSITEDESCLIMA
TSOFFRENTAUGASTRONOMEFRANÇAISUNEVARIETECO
NSIDERABLEDEPRODUITS:ONPRETENDAINSIQU'ONPEUTTROU-
VERENFRANCECENTCINQUANTESORTESDIFFERENTESD
EFROMAGESUNREPASDEFETEN'ESTPASCONCEVABLESANS
UNGRANDVINLAVIGNEESTCULTIVEESURLESDEUXTIERSDUTER
RITOIRELESVIGNOBLESLESPLUSREPUTESSONTCEUXDEBO
RDEAUXETDEBOURGOGNESANSOUBLIERCELUIDECHA
MPAGNEQUIPRODUITUNVINPETILLANTCELEBREDANSLEMON
DEENTIER

TEST 63 Was passt zusammen?

Bilden Sie Sprichwörter oder Redensarten.

1. Lièvre qui court	a) à ses premiers amours.
2. Mauvais ouvrier ne	b) à tout âge.
3. Mauvaise herbe	c) croît toujours.
4. Mieux vaut donner	d) en son pays.
5. Mieux vaut tard	e) l'arbre à ses fruits.
6. Nul n'est prophète	f) n'est pas mort.
7. On apprend	g) qu'on a semé.
8. On reconnaît	h) que jamais.
9. On recueille ce	i) que recevoir.
10. On revient toujours	j) trouve jamais bon outil.

11. Partir, c'est	a) boira.
12. Pas de roses	b) consent.
13. Promettre et tenir	c) doit dire B.
14. Quand le vin est tiré,	d) gagne.
15. Quand on n'avance pas,	e) il faut le boire.
16. Quatre yeux voient	f) mieux que deux.
17. Qui a bu	g) mourir un peu.
18. Qui a dit A	h) on recule.
19. Qui épargne	i) sans épines.
20. Qui ne dit mot	j) sont deux.

Finden Sie die logische Entsprechung.

arbre	barbe	beaucoup	chanter	dangereux	diable	
diviser	enseigner	Est	faible	Hongrie	jupe	~~maisons~~
pain	perte	poulailler	respirer	scène	superflu	vérité

1. forêt – arbres = ville – maisons
2. station-service – essence = boulangerie – ______
3. joie – malheur = gain – ______
4. additionner – soustraire = multiplier – ______
5. paradis – enfer = Dieu – ______
6. sécurité – danger = sûr – ______
7. faux – juste = mensonge – ______
8. minorité – majorité = peu – ______
9. important – secondaire = essentiel – ______
10. gauche – droite = Ouest – ______
11. histoire – raconter = mélodie – ______
12. confiture – manger = air – ______
13. Varsovie – Pologne = Budapest – ______
14. costume – pantalon = tailleur – ______
15. force – faiblesse = fort – ______
16. tulipe – fleur = chêne – ______
17. cinéma – écran = théâtre – ______
18. peigne – cheveux = rasoir – ______
19. chevaux – écurie = poules – ______
20. élève – étudier = professeur – ______

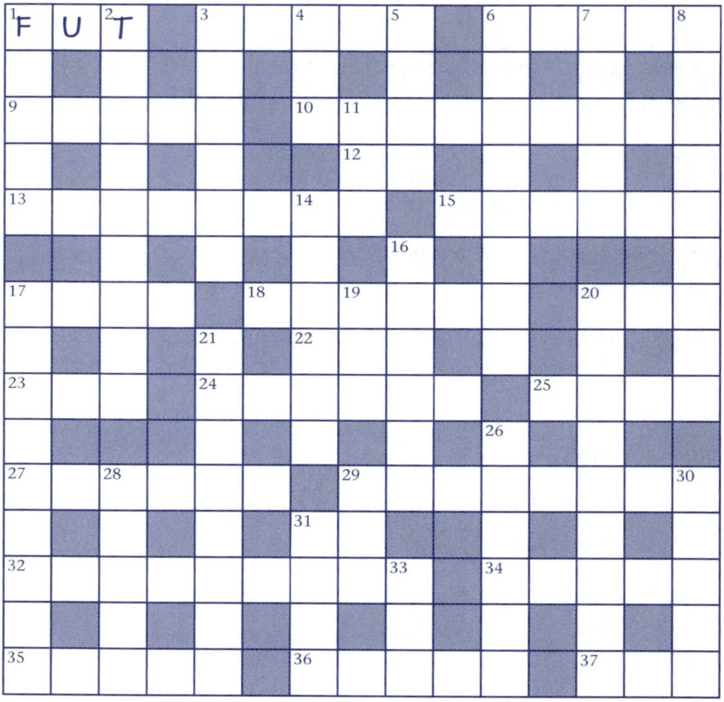

WAAGERECHT

1 L'Amérique f** découverte en 1492.

3 Il est souvent malade; il n'a pas de s****.

6 E**** est le contraire de mince.

9 A****, je crois que je ne te reverrai plus jamais en cette vie.

10 Pour t******** la Manche, je préfère prendre le bateau.

12 J'ai cinq frères e* sœurs.

13 C******* et vous trouverez.

15 En train, je voyage toujours en première c*****.

17 La d*** de notre départ est le 4 mai.

18 Le latin est une l***** morte.

20 Voulez-vous du s** ou du poivre?

22 Louis XIV aurait dit: „L'Etat, c'est m**."

23 Pierre a oublié toutes s** affaires dans le train.

24 Le traité de Westphalie a mis fin à la guerre de T***** ans.

25 Jean a f*** une cigarette.

27 Marie a un cancer généralisé, sa situation est sans e*****.

29 Cette fille est v******* très belle.

31 Elle n'est n* grosse n* maigre.

32 Nous ne d******** que de peu de temps pour achever ce travail.

34 Le vendredi après-midi, il faut toujours faire la q**** devant les guichets de la banque.

35 L'Union européenne compte quinze E**** membres.

36 D****-moi la main.

37 Tu peux déposer t** affaires dans cette armoire.

SENKRECHT

1 Le f**** est utilisé comme unité monétaire en France, en Belgique, en Suisse et au Luxembourg.

2 On peut dire „WC" ou „t********".

3 Le Rhône prend sa s***** dans les Alpes.

4 C'est clair et n**.

5 La France est un E*** de droit.

6 Le rôle de l'école maternelle est d'é******* les enfants.

7 Il a attendu son retour a**** sur un banc public.

8 Cet individu est s******** par la police: on le soupçonne d'avoir commis un meurtre.

11 Jean habite au r**-de-chaussée.

14 En France, l'e***** qui termine les études secondaires s'appelle le baccalauréat.

16 Il faut a***** le produit de cette bouteille avant usage.

17 Terminus! Tous les passagers doivent d******** !

19 „N**" est le contraire de „Oui"

20 Lors de grèves, il y a s******** un train sur quatre qui fonctionne.

21 Nous a******* votre attention sur ce danger.

26 Il n'y a aucun r***** à prendre.

28 Le train p**** à grande vitesse.

29 Le v** rouge a des effets bénéfiques sur le cœur.

30 „T****, t****, que faites-vous ici?“

31 A Paris, les trains pour Londres partent de la gare du N***.

33 Le s** de ce violon est splendide.

Setzen Sie ein.

aucun bois bâton dix droite espoir fin frais froid gentil grosse heures la moyenne Ne ~~prendre~~ question suis voter vrai

1. Urlaub nehmen > prendre _______ congé
2. Ich bin Ihrer Meinung. > Je ___________ de votre avis / je suis d'accord.
3. seine Stimme abgeben > _____________
4. keiner von beiden > _____________ des deux
5. Beurteile Menschen nicht nach dem Äußeren. > ________ juge pas les personnes d'après les apparences.
6. offen gestanden > à ___________ dire
7. die rechte Hand > la main _______________
8. siebzig Meter hoch > soixante-_________ mètres de haut
9. ein Stück Holz > un morceau de ___________
10. eine Frage stellen > poser une _______________
11. eine schwere Last tragen > porter une _______________ charge
12. mit dem Stock schlagen > frapper avec un _____________
13. im Durchschnitt > en _________________
14. in der Hoffnung > dans l'_______________ de
15. von Anfang bis Ende > tout le long / du début jusqu'à la ______
16. vor Kälte zittern > trembler de _____________ / frissonner de froid
17. er ist nett zu ihnen > il est _______________ avec eux
18. frisch, roh, gekocht, geräuchert > _____________, cru, cuit, fumé
19. es ist halb fünf > il est 4 _______________ et demie
20. zu Hause sein > être à ________ maison / chez soi

TEST 67 Bringen Sie die Sätze in die richtige Reihenfolge, um den Witz zu verstehen.

Écrire une blague

◯ „Je vous avais pourtant dit de l'amener au zoo."

◯ Un policier lui conseille: „Vous feriez bien de l'amener au zoo."

◯ „Nous y sommes allés et ça lui a beaucoup plu. Aujourd'hui, nous avons décidé d'aller au cinéma."

◯ Le lendemain, le policier le revoit avec le perroquet et lui dit:

(1) Un vieux monsieur trouve un perroquet dans la rue.

◯ Le vieux monsieur répond:

Setzen Sie ein.

atlantique comparés domaine existe fédérale forme fromages frontières ~~France~~ habitants mesurent monde Méditerranée pays point qui

Quelques informations sur la France

La [1]__France__ est par sa superficie l'Etat le plus étendu de l' Union européenne; par sa population, environ 58 millions d'[2]________, elle ne se situe cependant qu'au quatrième rang. Les frontières maritimes et terrestres dessinent une [3]_________ hexagonale. Aucun [4]_________ du territoire n'est situé à plus de cinq cents kilomètres de la mer. La France est rattachée au continent par 2100 kilomètres de [5]__________ terrestres. Ses voisins sont la Belgique, le Luxembourg, la République [6]__________ d'Allemagne, la Suisse, l'Italie et l'Espagne. Ses frontières maritimes [7]__________ 3100 kilomètres et lui donnent accès aux mers les plus fréquentées du globe: l'Océan [8]___________, la Manche, la Mer du Nord et la [9]___________. A la différence de l'Allemagne, la France est un [10]___________ très centralisé. Il [11]_______, certes, depuis 1972, vingt-deux régions, mais leurs pouvoirs sont très faibles [12]___________ à ceux des Länder. Paris, [13]_________ compte presque 10 millions d'habitants, continue à dominer sans partage l'espace français. La France est la quatrième puissance économique du [14]___________. Elle exporte non seulement des vins et des [15]__________, mais aussi des produits de haute technologie, en particulier dans le [16]_________ de l'aéronautique.

TEST 69 Was passt zusammen?

Bilden Sie Sprichwörter oder Redensarten.

1. L'occasion fait	a) aux audacieux.
2. La belle plume	b) fait le bel oiseau.
3. La prudence est	c) favorise les sots.
4. La fin justifie	d) le larron.
5. La foi déplace	e) le silence est d'or.
6. La fortune	f) les montagnes.
7. La fortune sourit	g) les moyens.
8. La nécessité est	h) mère d'invention.
9. La nuit, tous les chats	i) mère de sûreté.
10. La parole est d'argent,	j) sont gris.

11. La pensée	a) bouche des enfants.
12. La pomme ne tombe	b) dans le vin.
13. La vengeance	c) est bleu partout.
14. La vérité est	d) est chose fragile.
15. La vérité sort de la	e) est douce.
16. Le bonheur	f) est libre.
17. Le chat parti,	g) jamais loin de l'arbre.
18. Le ciel	h) l'ennemi du bien.
19. Le métier ne va pas	i) les souris dansent.
20. Le mieux est	j) sans réclame.

Wie heißt das Land?

1. Bruxelles – [qeBiguel] Belgique
2. Sofia – [reguBail] ____________
3. Copenhague – [aakeDnmr] ____________
4. Paris – [nreaFc] ____________
5. Athènes – [rceGè] ____________
6. Rome – [lteaiI] ____________
7. Zagreb – [iraeCto] ____________
8. Oslo – [vogrNèe] ____________
9. Vienne – [hAertcui] ____________
10. Berlin – [nlaeAlgme] ____________
11. Londres – [eyauoRm-niU] ____________
12. Berne – [esuSsi] ____________
13. Varsovie – [geonoPl] ____________
14. Prague – [qeéluiubpR cuèqeht] ____________
15. Budapest – [oignHre] ____________
16. Lisbonne – [tuaorglP] ____________
17. Madrid – [nsapgEe] ____________
18. Bucarest – [oenmaiRu] ____________
19. Dublin – [Iearldn] ____________
20. Stockholm – [udeSè] ____________
21. Tirana – [ilaAben] ____________
22. Helsinki – [Fnednial] ____________
23. Moscou – [suesRi] ____________

TEST 71 Finden Sie waagerecht oder senkrecht 30 Kleidungsstücke.

C	U	L	O	T	T	E	N	Q	M	A	N	T	E	A	U
C	H	E	M	I	S	E	O	G	A	N	T	S	P	O	E
H	W	P	V	E	S	T	O	N	K	C	B	E	U	U	D
A	L	Y	W	B	L	O	U	S	E	A	A	U	L	T	O
P	Z	J	C	H	C	G	A	H	I	P	S	Q	L	C	C
E	U	A	O	C	H	A	S	V	M	E	K	K	O	A	O
A	E	M	Q	H	E	I	H	E	P	C	T	B	V	P	S
U	C	A	H	A	M	N	O	S	E	A	A	E	E	U	T
A	H	Q	S	U	I	E	R	T	R	S	I	R	R	C	U
N	A	Z	U	S	S	X	T	E	M	Q	L	M	C	H	M
O	R	D	E	S	I	J	U	P	E	U	L	U	R	O	E
R	P	O	H	E	E	A	Q	K	A	E	E	D	A	N	P
A	E	W	E	T	R	W	R	C	B	T	U	A	V	J	N
K	P	A	N	T	A	L	O	N	L	T	R	Q	A	X	Y
B	O	T	T	E	S	H	N	G	E	E	K	Q	T	T	N
R	**O**	**B**	**E**	S	C	H	A	U	S	S	U	R	E	S	N

Finden Sie die logische Entsprechung.

capitale composer conduire derrière dépenser directeur économiste félicitation fleuve français ~~haut~~ participant plante poche portugais rugir sièges solide tabac victoire

1. mineur – en bas = couvreur – en haut
2. peintre – peindre = compositeur – ____________________
3. essence – pétrole = cigare – ____________________
4. chien – aboyer = lion – ____________________
5. Russie – russe = France – ____________________
6. Espagne – espagnol = Portugal – ____________________
7. France – pays = Paris – ____________________
8. chat – animal = fleur – ____________________
9. punition – récompense = reproche – ____________________
10. perdre – gagner = défaite – ____________________
11. soldat – général = secrétaire – ____________________
12. politique – politicien = économie – ____________________
13. employé – salaire = enfant – argent de ____________________
14. village – ville = ruisseau – ____________________
15. étranger – visa = conducteur – permis de ____________________
16. chambre – chaises = autobus – ____________________
17. association – membre = congrès – ____________________
18. épargne – dépense = épargner – ____________________
19. recto – verso = devant – ____________________
20. eau – liquide = pierre – ____________________

TEST 73 Kreuzworträtsel

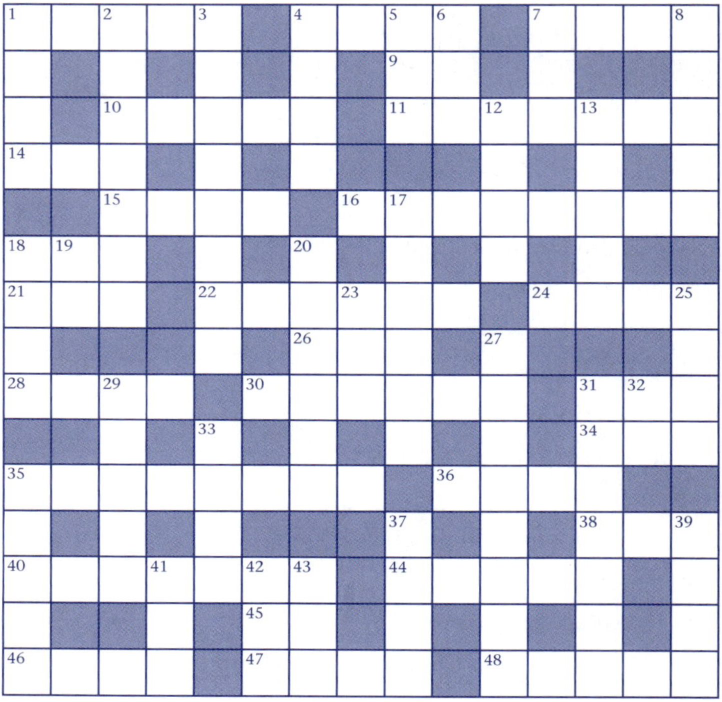

WAAGERECHT

1 Il fait c**** aujourd'hui.

4 Ne faites pas un long discours, soyez b***.

7 Ce voyage est l***.

9 Il faut s* brosser les dents chaque jour sinon on attrape des caries.

10 Voulez-vous encore une t**** de thé?

11 Il faut t****** tout le sujet.

14 Dans ce z**, les animaux ne sont pas mis dans des cages.

15 Il fait en général b*** durant le mois de juin.

16 Votre p******* au procès est nécessaire.

18 Il ne respecte pas le code de la route; il conduit comme un f**.

21 Le Président de la République est élu pour sept a**.

22 Le traité de Rome a créé un marché c*****.

24 Pierre a p*** du loup.

26 Il ne faut p** se pencher par la fenêtre.

28 Marc se m*** de ce qui ne le regarde pas.

30 Elle a g***** sur une peau de banane.

31 C** individu est peu recommandable.

34 O** est une affirmation.

35 „ Guten Tag“ s******* en français „bonjour“.

36 „ Quai des Brumes“ est un f*** français.

38 Il faut passer p** là.

40 L'alpiniste est p****** au sommet de la montagne.

44 La Tour Eiffel est faite d'a****.

45 On devient grand e* mangeant de la soupe.

46 Le Quartier Latin est situé sur la r*** gauche de la Seine.

47 En informatique, les changements sont t*** qu'il faut se remettre à jour tous les ans.

48 Il me r**** très peu d'argent.

SENKRECHT

1 Je vais c*** le coiffeur.

2 Cette ligne d'a******* dessert la banlieue nord.

3 La d******* entre Brest et Strasbourg est d'environ mille kilomètres.

4 Il a eu mention „Très b***“ à son examen.

5 L'Alsace est située dans l'E** de la France.

6 Le sigle SNCF signifie Société nationale des Chemins de f** français.

7 As-tu rendu le livre à Jean? Je le l** ai rendu hier.

8 La G**** républicaine assure la protection du président de la République.

12 Je ne me sens mal à l'a*** parmi ces gens prétentieux.

13 Une t**** équivaut à mille kilos.

17 Il a r***** son examen du premier coup.

18 Je n'ai rien mangé depuis vingt-quatre heures; j'ai une f*** de loup.

19 O* n'obtient rien sans effort.

20 En France, le nombre de personnes sans e***** est en augmentation constante: on compte aujourd'hui 3 millions de chômeurs.

23 Le Premier m** est la fête du travail.

25 Je préfère le r*** de bœuf saignant.

27 N'oubliez pas de v******* si le gaz est bien fermé.

29 Depuis qu'il est débarrassé de ce souci, il se sent l**** comme l'air.

31 Dans ce restaurant, le service est c******.

32 Paul a e* la meilleure note de la classe.

33 Il a décidé de jouer son avenir à p*** ou face.

35 J'ai pris vingt litres de s**** à la station-service.

37 Je ne s*** rien mais je dirai tout.

39 Je r*** toutes les nuits de vous.

41 Du haut de cette colline, on a une v** splendide sur toute la ville.

42 Votre salaire n** sera de 6.000 francs par mois.

43 Demain, cette information fera la u** de tous les journaux.

Bilden Sie die weibliche Form des Adjektivs.

1. admirateur – admiratrice
2. aigu – ____________
3. ancien – ____________
4. blanc – ____________
5. bon – ____________
6. civil – ____________
7. complet – ____________
8. courageux – ____________
9. doux – ____________
10. fameux – ____________
11. frais – ____________
12. frontalier – ____________
13. joli – ____________
14. moyen – ____________
15. net – ____________
16. nouveau – ____________
17. nul – ____________
18. parisien – ____________
19. plat – ____________
20. précis – ____________
21. primitif – ____________
22. public – ____________
23. riche – ____________
24. roux – ____________
25. sec – ____________
26. sot – ____________
27. trompeur – ____________
28. vieux – ____________

TEST 75 Was passt zusammen?

Bilden Sie Sprichwörter oder Redensarten.

1.	Qui ne risque rien	a)	c'est pouvoir.
2.	Qui rit le matin	b)	le soir pleure.
3.	Qui s'excuse	c)	mènent à Rome.
4.	Vouloir	d)	n'a rien.
5.	Tant qu'il y a de la	e)	n'est pas or.
6.	Tel père,	f)	qui finit bien.
7.	Telle demande,	g)	s'accuse.
8.	Tous les chemins	h)	tel fils.
9.	Tout ce qui brille,	i)	telle réponse.
10.	Tout est bien	j)	vie il y a de l'espoir.

11.	Tout s'arrange	a)	a son revers.
12.	Toute médaille	b)	avec le temps.
13.	Toute peine	c)	est un doux oreiller.
14.	Trop de cuisiniers	d)	fait pas le printemps.
15.	Un homme d'honneur	e)	gâtent la sauce.
16.	Un malheur ne vient	f)	jamais perdu.
17.	Un bienfait n'est	g)	jamais seul.
18.	Une bonne conscience	h)	lave l'autre.
19.	Une hirondelle ne	i)	mérite salaire.
20.	Une main	j)	n'a qu'une parole.

Setzen Sie ein.

~~atlantique~~ bilingue du Depuis européenne Europe francophones habitants linguistiques néerlandais partagés pays ville

Quelques informations sur la Belgique

Située sur la côte ouest-européenne de l'Océan [1]atlantique___, la Belgique compte environ 10 millions d'[2]__________. C'est une monarchie constitutionnelle. [3]__________ 1992, le pays est doté d'une nouvelle constitution de caractère fédéral dans laquelle les pouvoirs sont [4]__________ entre le gouvernement fédéral, trois régions et deux communautés linguistiques. La population est, en effet, divisée en deux groupes [5]____________. Dans la partie sud vivent les Wallons qui sont [6]_____________. Dans le Nord, on trouve les Flamands dont la langue ressemble au [7]___________. La région de Bruxelles qui rassemble environ dix pour cent de la population est [8]____________. La cohabitation entre les deux groupes n'est pas toujours aisée et la querelle linguistique domine la vie politique [9]_________ pays depuis les années 1960. La Belgique est un [10]________ très industrialisé. Anvers est le principal centre économique du pays. Cette [11]________ est célèbre aussi pour être le plus grand centre mondial de l'industrie diamantaire. Depuis 1958, Bruxelles est en quelque sorte la capitale de l'[12]_________ puisque la ville est le siège de la commission [13]___________.

TEST 77 Welches Wort ist gemeint?

apéritif armoire ciseaux échecs ~~éléphant~~ feuilles feutre hélicoptère hôpital lunettes montagnes ordinateur pinceau pull-over serpent tapisserie téléphone télévision triangle tulipe

1. gros mammifère muni d'une trompe – éléphant
2. principal passe-temps des Français – ____________________
3. fleur – ____________________
4. boisson – ____________________
5. meuble – ____________________
6. objet capable de voler – ____________________
7. jeu – ____________________
8. on en a besoin pour lire – ____________________
9. on l'utilise pour peindre – ____________________
10. animal dangereux – ____________________
11. vêtement chaud – ____________________
12. on les utilise pour couper – ____________________
13. on la pose contre un mur – ____________________
14. on peut écrire avec – ____________________
15. on l'utilise pour communiquer – ____________________
16. les malades y séjournent – ____________________
17. les arbres en ont – ____________________
18. forme géométrique – ____________________
19. on le trouve dans les bureaux – ____________________
20. les Alpes sont les plus hautes d'Europe – ____________________

Stimmt das?

1. Une heure compte trois mille six cents secondes. Vrai
2. Rouen est situé sur la Loire. Faux
3. La France possède une frontière commune avec huit pays. ______
4. Une fourmi est un très gros animal. __________
5. Verdun a été le théâtre de la plus grande bataille de la Première guerre mondiale. __________
6. Molière est surtout célèbre pour ses tragédies. __________
7. La capitale de la Suisse est Genève. __________
8. La majorité des Canadiens parlent français. __________
9. Napoléon est né en Corse. __________
10. Un rat est plus gros qu'une souris. __________
11. Une équipe de football compte dix joueurs. __________
12. La Révolution française a commencé en 1799. __________
13. Mon neveu est le fils de ma sœur. __________
14. La Suisse est divisée en cantons. __________
15. J.-J. Rousseau et Voltaire étaient amis. __________
16. Les Pyrénées séparent la France de l'Espagne. __________
17. Le traité de Rome a été signé en 1958. __________
18. Jeanne d'Arc a été brûlée par les Prussiens. __________
19. Une araignée possède six pattes. __________
20. La bouillabaisse est une soupe de poissons. __________

TEST 79 Kreuzworträtsel

WAAGERECHT

1 Une bière, s'il vous p****.

4 Au petit-déjeuner, j'a*** prendre des croissants et du café au lait.

6 Dix est un multiple de c***

8 Nous voulons une réponse claire: c'est o** ou non.

9 Le livre est posé s** la table.

10 Le dernier jour de l'année s'appelle la Saint S********.

13 Garçon! Une bouteille d'e** minérale!

14 J'habite 3, r** des Lilas.

16 Avez-vous quelque chose à déclarer? Je n'ai r*** à déclarer.

17 Chaque Français mange en moyenne une t******* de chocolat par mois.

23 Tu e* en retard comme d'habitude.

24 „N**, je ne regrette rien“ est le titre d'une chanson d'E. Piaf.

25 Les t***** du contrat sont précis: la livraison doit être faite d'ici trois jours.

26 Il gagne t*** d'argent, qu'il ne sait plus quoi en faire.

30 Vous ê*** mon invité ce soir.

33 L'affaire Dreyfus a d***** la France en deux camps antagonistes.

34 T** est pris qui croyait prendre.

35 Cette chaîne est e* or.

37 Il faut d******** les objets précieux à la douane.

39 Entrer en relation: L*** connaissance avec quelqu'un.

40 Il ne fait p** froid.

41 Les nuages arrivent, i** annoncent du mauvais temps.

43 Un t******** comprend trois mois.

46 Je ne veux pas de t** bonbons.

47 Il était u** fois...

48 Pierre s*** sa poésie par cœur.

49 H*** est avant aujourd'hui.

50 Il r**** avec moi toute la journée.

SENKRECHT

1 Je te p*** de faire attention à mes affaires.

2 Marie a contracté une a******** tous risques.

3 Dans les Alpes, les rivières forment des t*******.

4 Julie est à l'a*** en public.

5 Paul s'est fait m** au dos.

6 En c** d'accident, veuillez prévenir mes parents.

7 Cette exposition a un grand succès, il faut faire la q**** pendant deux heures pour avoir des billets.

11 Ma fille travaille très bien à l'école; e*** a reçu le prix d'excellence.

12 T** ou tard, il faudra prendre une décision;

15 U* millier de personnes ont manifesté contre la politique du gouvernement.

18 Ce voyant prédit l'a*****.

19 C'e** vrai!

20 N'oublie pas de prendre t** passeport.

21 Une équipe de football compte o*** joueurs.

22 Le chiffre t***** passe pour porter malheur.

27 Les ulilisateurs ne sont pas a******** à reproduire des images.

28 T*** sont les faits qui ressortent de l'enquête.

29 Je ne me soumettrai jamais, je préfère r*******.

31 Voulez-vous du t** ou du café?

32 Ce plat est fade, il manque de s**.

36 François n*** tous les jours à la piscine.

37 D****-moi ce que vous pensez.

38 A la naissance, le bébé pousse un c**.

39 L* France compte 58 millions d'habitants.

40 C'est un aventurier: il n'a p*** de rien.

42 Cet enfant est s*** comme une image.

44 Je ne dirai rien de plus, c'est mon dernier m**.

45 T**, tu restes ici; moi, je vais le chercher à l'aéroport.

Finden Sie die logische Entsprechung.

air chimie coiffeur coucher couper domestique dur entendre élevé gant goût Grèce habiter jument ~~lunettes~~ meuble mois nain poissonnier verre

1. librairie – livres = opticien – lunettes
2. veste – vêtement = armoire – ________________
3. boulangerie – boulanger = salon de coiffure – ________________
4. plonger – eau = voler – ________________
5. fauteuil – s'asseoir = lit – se ________________
6. pied – chaussure = main – ________________
7. café – tasse = vin – ________________
8. fer – métallurgie = acide – ________________
9. lion – fauve = chat – animal ________________
10. grand – petit = géant – ________________
11. Bruxelles – Belgique = Athènes – ________________
12. agneau – brebis = poulain – ________________
13. odeur – sentir = bruit – ________________
14. mercredi – jour = juillet – ________________
15. puits – profond = gratte-ciel – ________________
16. jaune – couleur = sucré – ________________
17. oreiller – mou = parquet – ________________
18. garage – garer = villa – ________________
19. barbe – raser = cheveux – ________________
20. jambon – charcutier = poisson – ________________

TEST 81 Setzen Sie ein.

boissons comprend côte Comment de demande dommage ~~enfants~~ feu gêne indiquer Interdit moyenne Suivez tombe vous

1. Haben Sie Kinderportionen? > Servez-vous des portions pour enfants?
2. Das trifft sich gut! > Ça ________ bien!
3. Ich mag eiskalte Drinks nur im Sommer. > Je n'apprécie les ________ glacées qu'en été.
4. Schaden erleiden > subir un ____________
5. Verkäuferin gesucht > on ____________ une vendeuse
6. Bezahlen Sie jetzt oder später? > Voulez-_______ payer maintenant ou plus tard?
7. Ihr Wagen behindert den Verkehr. > Votre voiture ______ la circulation.
8. Die Transportkosten sind nicht im Angebot enthalten. > Notre offre ne ______________ pas les frais d'expédition.
9. Wie geht es Ihnen? > ___________ allez-vous? / Comment ça va?
10. Sie sind bei rotem Licht über die Kreuzung gefahren. > Vous avez traversé le carrefour au _____ rouge.
11. Wir haben an der Küste Ferien gemacht. > Nous avons passé des vacances sur la _______.
12. Mit Hunden kein Zutritt! > ______________ aux chiens!
13. Bitte zeigen Sie mir das auf der Karte. > Veuillez me l'______________ sur la carte.
14. Akzeptieren Sie eine Kreditkarte? > Acceptez-vous une carte _____ crédit?
15. Könnten wir einen mittelgroßen Hund mitbringen? > Pouvons-nous amener un chien de taille ____________?
16. Folgen Sie der Straßenbahnlinie. > ________ la ligne de tramway.

Was passt zusammen?

Bilden Sie Sprichwörter oder Redensarten.

1.	Les chiens aboient	a)	c'est mourir un peu.
2.	La parole est d'argent	b)	il faut le boire.
3.	Il n'y a pas de fumée	c)	la caravane passe.
4.	Quand le vin est tiré	d)	le silence est d'or.
5.	Partir,	e)	les borgnes sont rois.
6.	Au royaume des aveugles	f)	n'a rien.
7.	Bien mal acquis	g)	ne profite jamais.
8.	Tel père	h)	qu'à la fin, elle se casse.
9.	Tant va la cruche à l'eau	i)	sans feu.
10.	Qui ne risque rien	j)	tel fils.

11.	Les petits ruisseaux font	a)	au four et au moulin.
12.	On ne peut être à la fois	b)	il faut choisir le moindre.
13.	Le chat parti,	c)	les grandes rivières.
14.	Ce sont les tonneaux vides	d)	les souris dansent.
15.	Comme on fait son lit	e)	on se couche.
16.	De deux maux	f)	pendant qu'il est chaud.
17.	Il faut battre le fer	g)	prépare la guerre.
18.	Si tu veux la paix	h)	qui font le plus de bruit.
19.	Rira bien	i)	qui rira le dernier
20.	Il n'y a point de règle	j)	sans exception.

TEST 83 Finden Sie die logische Entsprechung.

algèbre art brique confiture cuisine déficit exploser
épicier ferme maire marié parfumer peuple près
princesse souvenir spectateur ~~splendide~~ vin voler

1. araignée – affreux = papillon – splendide
2. feu – cendre = passion – ________________
3. palissade – bois = mur – ________________
4. ail – puer = rose – ________________
5. parents – enfants = gouvernement – ________________
6. brasseur – bière = vigneron – ________________
7. lointain – proche = loin – ________________
8. verre – briser = bombe – ________________
9. pays – président = ville – ________________
10. ouvrier – usine = paysan – ________________
11. dormir – cuisiner = chambre à coucher – ________________
12. politicien – politique = artiste – ________________
13. roi – reine = prince – ________________
14. célibat – mariage = célibataire – ________________
15. radio – auditeur = théâtre – ________________
16. assassin – tuer = cambrioleur – ________________
17. pommes de terre – purée = groseilles – ________________
18. angle – géométrie = équation – ________________
19. fleurs – fleuriste = poivre – ________________
20. gagner – perdre = bénéfice – ________________

Was bedeuten diese umgangssprachlichen Ausdrücke?

1.	tirer les vers du nez de quelqu'un	a)	obtenir des informations de quelqu'un
2.	casser les pieds de quelqu'un	b)	épouser une femme
3.	prendre la poudre d'escampette	c)	détester quelqu'un
4.	filer à l'anglaise	d)	partir discrètement
5.	avoir un poil dans la main	e)	s'enfuir
6.	ne pas avoir froid aux yeux	f)	prendre des risques
7.	avoir les dents longues	g)	ennuyer quelqu'un
8.	passer la bague au doigt	h)	être ambitieux
9.	avoir quelqu'un dans le nez	i)	réfléchir longtemps
10.	se creuser la cervelle	j)	être paresseux

TEST 85 Finden Sie die logische Entsprechung.

compartiment couper désert Danemark marches meugler ~~musique~~ pauvre peinture postal poubelle prisonniers raquette reportage résoudre salé scène sonnette torchon vis

1. rein – organe = orgue – instrument de musique
2. sucre – sucré = sel – ____________________
3. voiture – klaxon = bicyclette – ____________________
4. Lisbonne – Portugal = Copenhague – ____________________
5. marteau – clou = tournevis – ____________________
6. mouton – bêler = vache – ____________________
7. cinéma – écran = théâtre – ____________________
8. boxe – gant = tennis – ____________________
9. cigarette – cendrier = ordures – ____________________
10. bouche – serviette = assiette – ____________________
11. orchidée – forêt tropicale = cactus – ____________________
12. Mozart – musique = Picasso – ____________________
13. maison – pièce = train – ____________________
14. stylo – écrire = couteau – ____________________
15. énigme – deviner = problème – ____________________
16. généreux – avare = riche – ____________________
17. journal – article = télévision – ____________________
18. hôpital – malades = prison – ____________________
19. maison – numéro = ville – code ____________________
20. arbres – branches = escalier – ____________________

Setzen Sie ein.

Wie viele Gemüsesorten können Sie finden?

AIL ARTICHAUT ASPERGE AUBERGINE CAROTTE CÉLERI CHAMPIGNONS CHOU CONCOMBRE COURGE COURGETTE FENOUIL HARICOT LENTILLES NAVET OIGNON POIREAU POTIRON RADIS TOMATE

TEST 87 Kreuzworträtsel

WAAGERECHT

1 Il s'est a**** sur une chaise.

4 Veuillez remplir le b** de commande.

6 La femme est l'é**** de l'homme.

9 Ma réponse est affirmative, c'est o**.

10 Ce steak est trop cuit; il est d** comme une vieille semelle.

11 C**** maison date du XVIIIe siècle.

12 Le climat dans le S** de la France est de type méditerranéen.

13 Pour aller à la gare, prenez la première r** à droite.

15 La c*** est une plante cultivée dans les Andes.

16 Jean manque de caractère, il cherche toujours à p*****.

18 N* l'un ni l'autre n'ont fait leur travail.

20 S'ils ne sont pas avares, ils passent pour t***.

21 Si vous augmentez la quantité commandée, nous sommes prêts à vous accorder une r***** de 7 %.

23 Il n'est que 18 heures. Il est trop t** pour aller dîner.

25 „T** quel" est le titre d'un ouvrage de Paul Valéry.

26 Je ne peux pas ouvrir la porte parce que j'ai perdu la c**.

27 Avec mon thé, je prendrais une tranche de c*****.

28 Le temps presse, il faut faire v***.

31 L* 11 novembre est férié en France.

32 Les étudiants passent aujourd'hui leur e***** de français.

34 Mon père et ma m*** se sont rencontrés pendant leurs études.

35 Il e** arrivé hier.

38 Cet enfant à l'a** malade.

39 Il n'avait déjà plus la force de t**** son verre.

40 Les derniers mots de Jules César furent: „T** aussi, mon fils!"

41 L'e** est polluée, il vaut mieux boire du vin.

42 Il ne faut pas trop s**** les plats, sinon on tue le goût des aliments.

43 Jean est parti en vacances avec s** amis.

44 Depuis que Marie est au chômage, elle r**** à la maison toute la journée.

SENKRECHT

1 Il ne faut pas l'a****, il doit apprendre à travailler seul.

2 Toute la journée, les policiers ont s******** la maison du suspect.

3 L'eau de cette s***** est particulièrement pure.

4 Vélo est l'autre nom pour b*********.

5 A l'hôtel, la facture s'appelle la n***.

6 Il convient d'é******* les enfants dès leur plus jeune âge à la musique.

7 Il est a**** bête qu'il est fort.

8 Isabelle part chaque week-e** dans sa maison de campagne.

14 Cette information fera la u** de la presse.

17 La distance e**** Paris et Strasbourg est de 480 kilomètres.

19 L'été, Pierre et Marie font des randonnées de plusieurs dizaines de k********.

20 J'ai fait une t**** sur mon costume en mangeant des escargots.

22 Dunkerque est situé sur la m** du Nord.

23 On peut dire „t********“ ou „WC“

24 Je ne peux pas a******* vos propositions.

29 Thierry, range t** affaires.

30 Je voudrais un billet aller-r***** pour Genève.

33 Le premier a****, on fait des farces.

36 Il faut se t**** quand le professeur parle.

37 Washington est la capitale des Etats-U***.

38 Françoise a trente a**.

Wie heißen die Einwohner dieser Länder?

1. France – Français
2. Belgique – ______
3. Pays-Bas – ______
4. Portugal – ______
5. Espagne – ______
6. Italie – ______
7. Suisse – ______
8. Autriche – ______
9. Allemagne – ______
10. Luxembourg – ______
11. Danemark – ______
12. Norvège – ______
13. Suède – ______
14. Finlande – ______
15. Chypre – ______
16. Grèce – ______
17. Russie – ______
18. Pologne – ______
19. Hongrie – ______
20. Bulgarie – ______
21. Ukraine – ______
22. Slovaquie – ______
23. Roumanie – ______
24. Lettonie – ______
25. Monaco – ______

TEST 89 Finden Sie die logische Entsprechung.

arbitre baisser bas cadre coupable curé échec futur intérêts lait musiciens os princesse reposer ~~réponse~~ salutations seul souper uniforme votre

1. d'abord – question = ensuite – réponse
2. mer – rivage = tableau – ______________
3. chance – malchance = succès – ______________
4. fin – adieux = début – ______________
5. travail – travailler = pause – se ______________
6. mariage – enfants = capital – ______________
7. père – fille = roi – ______________
8. groupe – individu = ensemble – ______________
9. avant – après = passé – ______________
10. mon – ton = notre – ______________
11. appeler – chuchoter = haut – ______________
12. tribunal – juge = match – ______________
13. tôt – tard = petit-déjeuner – ______________
14. acteur – costume = soldat – ______________
15. victime – meurtrier = innocent – ______________
16. entreprise – PDG = église – ______________
17. poisson – arêtes = homme – ______________
18. coûts – monter = économies – ______________
19. film – acteurs = orchestre – ______________
20. aciérie – acier = laiterie – ______________

Setzen Sie ein.

Berne	cantons	~~compte~~	fromage	grands	habitants	leur
Le	millions	paradis	pratiquent	puissance	quatre	
seconde	sommets	ville				

Quelques informations sur la Suisse

La Suisse [1]_compte_ parmi les plus petits et les plus riches Etats d'Europe. Divisée en vingt quatre [2]__________ qui disposent de pouvoirs importants, la Suisse a pour capitale [3]_________, mais la plus grande [4]_________ du pays est Zurich. [5]_____ pays se partage en trois grands ensembles naturels: les Alpes, le Plateau où se concentre la majorité des sept [6]_________ de Suisses et le Jura. On parle [7]__________ langues en Suisse. La majorité des habitants (75%) sont germanophones. Le français arrive en [8]___________ position avec 20% de la population, suivi de l'italien (4%). Quant au romanche, qui est encore pratiqué par les [9]___________ de quelques vallées des Grisons, il n'est plus parlé que par 1% de la population. La Suisse est connue dans le monde entier pour son [10]________, son chocolat, ses montres et ses banques, mais c'est aussi une grande [11]___________ industrielle renommée pour ses productions dans les domaines de la chimie et de la mécanique. Le pays est pour le touriste un véritable [12]___________. Les amateurs de montagne y trouveront [13]______ bonheur: on ne compte pas moins de sept [14]__________ qui dépassent les 4.000 mètres d'altitude. La présence de nombreux lacs comblera ceux qui [15]____________ des sports nautiques. Les deux plus [16]_________ sont le Lac de Constance et le Lac Leman.

WAAGERECHT

1 Nous a**** pris le train pour Lausanne.

4 J'ai oublié de p**** le paquet sur la table.

7 Ils o** déjà fait le tour du monde.

9 Pour réussir cette recette, il faut mettre non seulement des oignons mais a**** de l'ail.

10 L'a******** est de nouveau en panne; il faudra prendre l'escalier.

11 A Paris, le métro est s****** en grève.

12 Le soir, il aime bien é****** de la musique classique.

13 L'industrie sidérurgique française produit de moins en moins d'a****.

15 Cinq est le q**** de vingt.

17 Dans les grandes villes, l'a** est souvent pollué.

19 J'ai rendu la c** de ma chambre au réceptionniste.

20 La Bretagne a un climat océanique. Il y p**** presque tous les jours.

21 E**** quatre yeux, on peut se dire certaines vérités qui seraient blessantes autrement.

22 Nous nous réunissions tous les jours au même e******.

25 Le r****** de la baignoire ferme mal. Il faut appeler un plombier.

28 L********, les hommes ont cru que la terre était plate.

29 Au XVIIe siècle, on appelait les Pays-Bas les Provinces-U****.

30 Un Français s** deux est propriétaire de sa maison.

31 Je ne r**** qu'une semaine chez mes parents.

32 Toile pour servir d'abri en plein air: une t****.

SENKRECHT

1 J'a**** complètement oublié ce rendez-vous.

2 „O********“ est le contraire de „clarté“

3 Vous saurez la s**** de l'histoire la semaine prochaine.

4 Il ne faut jamais acheter de vin dans des bouteilles en p********.

5 Ce gâteau est trop s****.

6 La r******** entre les deux équipes aura lieu au Stade de France.

7 L'O**** de la France est bordé par l'océan atlantique.

8 Pour ouvrir le manteau, vous devez t**** la fermeture éclair.

13 A Paris, la perspective des Champs-Elysées se termine par l'A** de triomphe.

14 Vous devez r******** ce livre à la bibliothèque.

16 Une calculatrice est a******** pendant l'examen.

17 A********! Chien méchant!

18 Il habite r** des Arts.

22 Mes sœurs? E**** vivent au Canada.

23 Le soir, le d**** est servi à partir de 19h30.

24 Jeanne manque de t**** pour terminer son travail.

26 Paul supporte mal le b**** des avions.

27 Voulez-vous encore une t**** de café?

TEST 92 Finden Sie die logische Entsprechung.

apprendre aquarium balle bibliothèque camion ~~chef~~ couvercle fournir lent marché mendiant numéro Nord pénurie pompier Pâques république salaire sang table

1. classe – instituteur = orchestre – chef
2. crime – policier = incendie – ________________
3. Angleterre – monarchie = France – ________________
4. poumons – air = cœur – ________________
5. beaucoup – peu = abondance – ________________
6. église – prier = école – ________________
7. avocat – honoraires = ouvrier – ________________
8. or – plastique = cher – bon ________________
9. vêtements – armoire = livres – ________________
10. guépard – rapide = escargot – ________________
11. bouteille – bouchon = casserole – ________________
12. arc – flèche = fusil – ________________
13. lion – cage = poisson – ________________
14. riche – pauvre = millionnaire – ________________
15. ordinateur – bureau = repas – ________________
16. sapin – Noël = œufs – ________________
17. cheminot – train = chauffeur – ________________
18. livraison – livrer = fourniture – ________________
19. lettre – adresse = téléphone – ________________
20. montre – heure = boussole – ________________

Setzen Sie ein.

après besoin bord cette chambres contient Combien devez ~~légumes~~ lit livre paix quittez rire séjourner trouver

1. Haben Sie gekochtes Gemüse? > Avez-vous des légumes cuits?
2. Das Buch ist weg. > Le ________ est perdu.
3. Was bin ich schuldig? > ____________ est-ce que je vous dois?
4. Dass ich nicht lache! > Vous me faites rire! / Ne me fais pas _______! / Laisse-moi rire!
5. Lass mich in Ruhe/Frieden! > Laisse-moi tranquille / en ______!
6. Ich brauche einen Dolmetscher, der mir hilft. > J'ai __________ d'un traducteur pour m'aider.
7. Ich möchte ein Einzelzimmer mit Dusche. > Je voudrais une chambre à un __________ avec douche.
8. Sie dürfen 50 Stundenkilometer nicht überschreiten. > Vous ne ________ pas dépasser 50 kilomètres/heure.
9. Wie lange halten Sie sich in diesem Land auf? > Combien de temps pensez-vous _______________ dans ce pays?
10. Biegen Sie in die Straße nach dem Zeitungskiosk ein. > Prenez la rue _________ le kiosque.
11. Dieser Koffer enthält nur persönliche Dinge. > Cette valise ne ______________ que des effets personnels.
12. Sind die Zimmer mit eigenem Telefon ausgestattet? > Les ______________ possèdent-elles le téléphone?
13. Bleiben Sie am Apparat! > Restez en ligne! / Ne______ pas!
14. Als Anlage senden wir Ihnen unseren neuesten Katalog. > Veuillez ____________ ci-joint notre dernier catalogue.
15. am Meer / an der See > au _______ de la mer
16. In dieser Straße gibt es Parkuhren. > Il y a des parcmètres dans _________ rue.

TEST 94 Bringen Sie die Sätze in die richtige Reihenfolge, um den Witz zu verstehen.

- ◯ A la nouvelle lune, Toto se rend au cimetière.
- ◯ Après avoir longtemps regardé dans la boule de cristal, la voyante dit à Toto:
- ◯ Après quelques mètres, vous trouverez un trésor.
- ◯ Attendez la pleine lune; allez au vieux cimetière; prenez une pelle et creusez le sol!
- ◯ Au bout de quelques minutes, il jette sa pelle.
- (1) Toto, pour connaître son avenir, va consulter une voyante.
- ◯ Il commence à creuser.
- ◯ Mais attention, si vous pensez à de la soupe à l'oignon en creusant, vous ne trouverez rien!
- ◯ Mais depuis que je creuse, je ne pense plus qu'à ça.
- ◯ Malheur! Je n'ai jamais pensé une seule fois à de la soupe à l'oignon.
- ◯ Si vous suivez exactement mes recommandations, vous deviendrez un homme riche.

Finden Sie den richtigen Vergleich.

agneau âne carpe écrevisse lion mouton oie paon ~~pie~~
pinson renard singe taupe tortue ver

1. être bavard comme une pie
2. être bête comme une ______
3. être doux comme un ______
4. être fier comme un ______
5. être fort comme un ______
6. être frisé comme un ______
7. être gai comme un ______
8. être lent comme une ______
9. être malin comme un ______
10. être muet comme une ______
11. être myope comme une ______
12. être nu comme un ______
13. être rouge comme une ______
14. être rusé comme un ______
15. être têtu comme un ______

TEST 96 Was passt zusammen?

Bilden Sie Sprichwörter oder Redensarten.

1. Il n'y a pas de fumée	a) après aujourd'hui.
2. Il ne faut pas chanter	b) aveugle.
3. Il ne faut pas courir	c) de l'huile sur le feu.
4. Il ne faut pas jeter	d) deux lièvres à la fois.
5. Il ne faut pas jeter	e) le chat qui dort.
6. Il ne faut pas provoquer	f) le diable.
7. Il ne faut pas réveiller	g) les perles aux pourceaux.
8. Il y a encore des jours	h) sans feu.
9. Jamais deux	i) sans trois.
10. L'amour est	j) victoire avant la bataille.

11. L'appétit vient	a) à la rivière.
12. L'arbre ne tombe pas	b) d'odeur.
13. L'argent gouverne	c) de bonnes intentions.
14. L'argent n'a pas	d) du premier coup.
15. L'eau trouble est	e) en mangeant.
16. L'eau va toujours	f) et Dieu dispose.
17. L'enfer est pavé	g) humaine.
18. L'erreur est	h) la règle.
19. L'exception confirme	i) le gain du pêcheur.
20. L'homme propose	j) le monde.

Wie heißt das Gegenteil (Antonym) des Verbs?

aller apporter ~~arriver~~ descendre défendre déplaire déshabiller détruire fermer finir haïr laisser lâcher lever mourir obéir perdre punir rassembler recevoir refuser répondre sécher trouver vendre

1. partir – arriver
2. commencer – ____________
3. attaquer – ____________
4. construire – ____________
5. ordonner – ____________
6. récompenser – ____________
7. se coucher – se ____________
8. gagner – ____________
9. monter – ____________
10. emporter – ____________
11. interroger – ____________
12. diviser – ____________
13. acheter – ____________
14. venir – ____________
15. aimer – ____________
16. chercher – ____________
17. ouvrir – ____________
18. tenir – ____________
19. vivre – ____________
20. prendre – ____________
21. offrir – ____________
22. mouiller – ____________
23. plaire – ____________
24. s'habiller – se ____________
25. accepter – ____________

TEST 98 Was bedeuten diese umgangssprachlichen Ausdrücke?

1. mettre la puce à l'oreille de quelqu'un	a) informer quelqu'un
2. avoir du piston	b) être très saoul
3. brûler la chandelle par les deux bouts	c) avoir de l'influence
4. en pincer pour quelqu'un	d) mener une vie de débauche
5. avoir le bras long	e) avoir très faim
6. avoir l'estomac dans les talons	f) être amoureux
7. avoir la tête sur les épaules	g) être tout nu
8. avoir la grosse tête	h) être raisonnable
9. être complètement bourré	i) obtenir un emploi par protection
10. être à poil	j) devenir prétentieux

Wie heißt die weibliche Person?

brebis bru canne chèvre déesse femme ~~fille~~ jumelles jument madame maîtresse marraine mère nièce oie poule reine sœur tante vache

1. le garçon – la fille
2. le père – la ____________
3. le frère – la ____________
4. l'oncle – la ____________
5. le gendre – la ____________
6. le monsieur – la ____________
7. le neveu – la ____________
8. le parrain – la ____________
9. l'amant – la ____________
10. le mari – la ____________
11. le dieu – la ____________
12. le roi – la ____________
13. les jumeaux – les ____________
14. le coq – la ____________
15. le bélier – la ____________
16. le cheval – la ____________
17. le bouc – la ____________
18. le canard – la ____________
19. le taureau – la ____________
20. le jars – l' ____________

TEST 100 Setzen Sie ein.

cette comme Canada domination ~~dominent~~ en fondées
langue leur Montréal population port province siècle

Quelques informations sur le Québec

Peuplé d'un peu moins de sept millions d'habitants, le Québec est la seule province du Canada où [1]_dominent_ les francophones. Cette partie de l'Amérique fut explorée au XVIe [2]____________ par Jacques Cartier qui en prit possession au nom des rois de France. La colonisation du [3]______________, qu'on appelait alors la Nouvelle-France, ne débuta cependant qu'au XVIIe siècle, époque à laquelle furent [4]______________ les villes de Québec (1608) et de Montréal (1642). Le XVIIIe siècle vit la fin de la [5]______________ française sur le Canada. Le traité de Paris [6]_____________ 1763 consacra la cession de la Nouvelle-France à l'Angleterre. Durant longtemps, les francophones furent traités [7]______________ des citoyens de second rang et ils durent se révolter à plusieurs reprises pour faire entendre [8]____________ voix. Ce n'est ainsi qu'en 1968 que le français fut reconnu comme [9]____________
officielle au Canada. Depuis [10]____________ époque, un courant important s'est développé au Québec pour revendiquer l'indépendance de la [11]______________. La principale ville du Québec est [12]______________ qui concentre à elle seule près de la moitié de la [13]______________ de la province. Bâti sur les rives du Saint-Laurent, Montréal est le principal [14]__________ du Canada.

LÖSUNGEN

TEST 1:

1. aigle
2. passeport
3. adresse
4. joyeux
5. pomme
6. heureux
7. émetteur
8. Bretagne
9. avion
10. branche
11. armoire
12. choucroute
13. répondre
14. bois
15. football
16. jour
17. lit
18. lecture
19. client
20. paresseux

TEST 2:

					P	Ê	C	H	E				
				B	**A**	N	A	N	E				
					M	Û	R	E					
					P	O	I	R	E				
				C	**L**	E	M	E	N	T	I	N	E
O	R	A	N	G	**E**								
					M	A	N	D	A	R	I	N	E
A	B	R	I	C	**O**	T							
			P	R	**U**	N	E						
A	N	A	N	A	**S**								
		R	A	I	**S**	I	N						
				C	**E**	R	I	SE					

TEST 3:

1 C	O	2 N	S	3 A	C	4 R	E	5 R	■	6 P	L	7 A	Î	8 T
H	■	O	■	V	■	E	■	I	■	E	■	U	■	R
9 A	I	N	S	I	■	10 T	I	R	E	R	■	11 S	O	I
U	■	■	■	O	■	A	■	E	■	S	■	S	■	M
12 D	É	13 F	E	N	D	R	14 E	■	15 P	O	L	I	C	E
■	■	U	■	S	■	16 D	U	■	■	N	■	■	■	S
17 A	M	I	S	■	■	E	■	18 P	19 E	N	D	20 A	N	T
P	■	T	■	21 A	22 N	■	■	■	23 T	E	■	D	■	R
24 P	R	E	M	I	E	R	■	25 R	■	■	26 D	I	R	E
E	■	■	■	M	■	■	27 S	E	■	28 L	■	E	■	■
29 L	A	30 R	M	E	S	■	31 A	T	T	A	Q	U	E	32 R
L	■	H	■	R	■	33 C	■	I	■	N	■	■	■	E
34 E	A	U	■	35 A	D	O	R	E	■	36 C	Ô	37 T	É	S
N	■	M	■	I	■	C	■	N	■	E	■	O	■	T
38 T	I	E	N	S	■	39 A	S	S	U	R	A	N	C	E

TEST 4:

1. matin **2.** ville **3.** malheur **4.** fin **5.** plaine **6.** sortie **7.** exportation **8.** ennemi **9.** perte **10.** arrivée **11.** échec **12.** maladie **13.** retour **14.** richesse **15.** froid **16.** vieillesse **17.** femme **18.** sœur **19.** force **20.** punition **21.** acheteur **22.** enfer **23.** feu **24.** silence **25.** défaite

TEST 5:

1. pays **2.** couvert **3.** nager **4.** fille **5.** boisson **6.** pied **7.** voitures **8.** shampoing **9.** légume **10.** boire **11.** chaud **12.** sombre **13.** entendre **14.** eau **15.** léger **16.** regarder **17.** Français **18.** conduire **19.** écriture **20.** bois

TEST 6:

1. adéquat **2.** aime **3.** beau **4.** tirer **5.** Guerre **6.** pays **7.** hui **8.** ouverte **9.** argent **10.** mois **11.** aller **12.** lettre **13.** dans **14.** vigueur **15.** cinéma **16.** prochain **17.** venu **18.** histoires **19.** cette **20.** brune

TEST 7:

1. travailleur – paresseux
2. grand – petit
3. gros – maigre
4. lent – rapide
5. joli – laid
6. proche – éloigné
7. sombre – clair
8. cher – bon marché
9. intelligent – bête
10. blanc – noir
11. mou – dur
12. passionnant – ennuyeux
13. court – long
14. étroit – large
15. vrai – faux
16. riche – pauvre
17. jeune – vieux
18. vivant – mort
19. triste – joyeux
20. chaud - froid

TEST 8:

1. BIÉLORUSSIE **2.** YOUGOSLAVIE **3.** LUXEMBOURG **4.** LITHUANIE **5.** SLOVAQUIE **6.** MACÉDOINE **7.** ALLEMAGNE **8.** MOLDAVIE **9.** LETTONIE **10.** ROUMANIE **11.** BULGARIE **12.** SLOVÉNIE **13.** FINLANDE **14.** DANEMARK **15.** AUTRICHE **16.** BELGIQUE **17.** PORTUGAL **18.** UKRAINE **19.** ESTONIE **20.** POLOGNE **21.** HONGRIE **22.** CROATIE **23.** NORVÈGE **24.** IRLANDE **25.** ANDORRE **26.** ESPAGNE **27.** RUSSIE **28.** BOSNIE **29.** SUISSE **30.** ITALIE **31.** FRANCE **32.** MALTE **33.** SUÈDE **34.** GRÈCE

TEST 9:

1. A chacun selon ses mérites.
2. A chacun son heure de gloire.
3. A chaque oiseau son nid est beau.
4. A cheval donné ne lui regarde pas à la bouche.
5. A moitié fait qui commence bien.
6. Aide-toi, le ciel t'aidera.
7. L'ami de tout le monde n'est l'ami de personne.
8. Apprenti n'est pas maître.
9. Après coup on a beau dire.
10. Après la pluie le beau temps.

11. Au royaume des aveugles, les borgnes sont rois.
12. Autant de têtes, autant d'avis.
13. Bien mal acquis ne profite jamais.
14. C'est avec l'honnêteté qu'on va le plus loin.
15. C'est dans le besoin qu'on connaît ses vrais amis.
16. C'est le plus sage qui cède.
17. C'est le ton qui fait la chanson.
18. Ce n'est pas tous les jours fête.
19. Ce sont les tonneaux vides qui font le plus de bruit.
20. Celui qui monte haut de haut tombe.

TEST 10:

1. il a **lu** un livre
2. il a **pris** un verre
3. il a **connu** cette histoire
4. il a **dit** une phrase
5. il a **tenu** un objet
6. il a **acquis** une voiture
7. il a **senti** une odeur
8. il a **dormi** toute la nuit
9. il a **couru** les cent mètres
10. il a **reçu** un prix
11. il a **vu** un film
12. il a **su** sa leçon
13. il a **rendu** la clef
14. il a **battu** un tapis
15. il a **mis** une chemise
16. il a **peint** un tableau
17. il a **craint** un accident
18. il a **vaincu** sa peur
19. il a **fait** son travail
20. il a **bu** du vin

TEST 11:

A. posé **B.** dans **C.** pour **D.** par **E.** livrer **F.** avec **G.** par **H.** la margarine **I.** nationale **J.** emportée **K.** la vigne

TEST 12:

1. vient **2.** point **3.** grandioses **4.** perdre **5.** passer **6.** doubler **7.** passer **8.** voulez **9.** langue **10.** pourquoi **11.** bord **12.** engager **13.** grave **14.** suivre **15.** gorgée **16.** Nous **17.** place **18.** être **19.** débrouiller **20.** frais

TEST 13:

										14								
1						M	A	R	O	**Q**	U	I	N	E	R	I	E	
2						B	I	J	O	**U**	T	E	R	I	E			
3							P	Â	T	**I**	S	S	E	R	I	E		
4								C	O	**N**	F	I	S	E	R	I	E	
5										**C**	R	È	M	E	R	I	E	
6								P	H	**A**	R	M	A	C	I	E		
7			D	R	O	G	U	E	R	**I**	E							
8									F	**L**	E	U	R	I	S	T	E	
9										**L**	I	B	R	A	I	R	I	E
10						É	P	I	C	**E**	R	I	E					
11				B	O	U	C	H	E	**R**	I	E						
12	C	H	A	R	C	U	T	E	R	**I**	E							
13			B	O	U	L	A	N	G	**E**	R	I	E					

TEST 14:

1. Allemand **2.** catholique **3.** mois **4.** désert **5.** oncle **6.** poisson
7. composer **8.** travailleur **9.** forme **10.** train **11.** doigt **12.** cheveux
13. coiffer **14.** marché **15.** porcelaine **16.** bébé **17.** Irlande **18.** maladroit
19. coucher **20.** sculpture

TEST 15:

1. Le monde est à ceux qui se lèvent tôt.
2. Le papier souffre tout.
3. Le temps est un bon conseiller.
4. Le temps, c'est de l'argent.
5. Le travail d'abord, le plaisir après.
6. Le travail fait le charme de la vie.
7. Les absents ont toujours tort.
8. Les apparences sont trompeuses.
9. Les arbres empêchent de voir la forêt.
10. Les battus paient l'amende.
11. Les chiens aboient, la caravane passe.
12. Les contraires s'attirent.
13. Les extrêmes se touchent.
14. Les loups ne se mangent pas entre eux.
15. Les mensonges ne mènent pas loin.

16. Les murs ont des oreilles.
17. Les petites querelles entretiennent l'amour.
18. Les petits cadeaux entretiennent l'amitié.
19. Les petits ruisseaux font les grandes rivières.
20. Les yeux sont miroir de l'âme.

TEST 16:

Une fourmi et un mille-pattes s'invitent dans un café à deux heures. Le mille-pattes arrive avec une heure de retard, la fourmi lui demande: - „Pourquoi arrivez-vous si tard ?" - „Ce n'est pas de ma faute, mais à l'entrée il y avait un panneau où était écrit: essuyez vos pieds."

TEST 17:

1. MARRON **2.** VIOLET **3.** ORANGE **4.** ROUGE **5.** BEIGE **6.** JAUNE **7.** BLANC **8.** BRUN **9.** ROSE **10.** GRIS **11.** BLEU **12.** VERT **13.** NOIR

TEST 18:

1 C	A	2 R	G	3 A	I	4 S	O	5 N		6 P	A	7 S	S	8 A
L		I		C		T		A		O		E		U
9 A	N	S		10 C	H	A	N	G	É	S		11 L	I	T
I				O		T		E		T				O
12 R	E	13 M	E	R	C	I	E		14 C	A	H	15 I	E	R
		I		D		O		16 M		L		N		I
17 B	O	N	S		18 I	N	T	É	R	E	S	S	É	S
I		U		19 D		N		D		S		T		É
20 E	N	T	R	E	T	E	N	I	R		21 D	A	T	E
N		E		N		R		C		22 G		N		
23 V	I	S	I	T	E		24 R	A	C	O	N	T	E	25 R
E				I		26 Q		M		Û				E
27 N	O	28 M		29 S	O	U	V	E	N	T		30 D	E	S
U		O		T		O		N		E		I		T
31 E	N	T	R	E		32 I	N	T	É	R	E	S	S	E

TEST 19:

1. nous **lisions** un livre
2. tu **prenais** un verre
3. vous **connaissiez** une histoire
4. je **disais** cette phrase
5. elle **tenait** un objet
6. nous **sentions** une odeur
7. ils **dormaient** toute la nuit
8. tu **courais** les cent mètres
9. il **recevait** un prix
10. elle **voyait** un film
11. je **savais** ma leçon
12. nous **rendions** la clef
13. tu **battais** le tapis
14. elle **mettait** la robe
15. vous **peigniez** un tableau
16. je **craignais** un accident
17. ils **vainquaient** leur peur
18. tu **faisais** ton travail
19. elle **buvait** du vin
20. ils **croyaient** en Dieu

TEST 20:

1. travers **2.** cinq **3.** langue **4.** touchent **5.** Luxembourg **6.** vivant **7.** inclus **8.** enseignement **9.** plusieurs **10.** Orient **11.** plus **12.** rôle **13.** diplomatiques **14.** organisations **15.** européenne

TEST 21:

1. Chacun est artisan de sa fortune.
2. Chacun porte sa croix en ce monde.
3. Chacun trouve chaussure à son pied.
4. Chaque chose en son temps.
5. Chien en vie vaut mieux que lion mort.
6. Chien qui aboie ne mord pas.
7. Comme on fait son lit, on se couche.
8. De deux maux il faut choisir le moindre.
9. Des goûts et des couleurs, on ne discute pas.
10. Dis-moi qui tu hantes et je te dirai qui tu es.
11. Expérience passe science.
12. Goutte à goutte l'eau creuse la pierre.
13. Grand bien ne vient pas en peu d'heures.
14. Heureux au jeu, malheureux en amour.
15. Il faut battre le fer pendant qu'il est chaud.
16. Il faut faire un pont d'or à l'ennemi qui fuit.
17. Il faut hurler avec les loups.
18. Il faut laver son linge sale en famille.
19. Il faut que jeunesse se passe.
20. Il n'est pire aveugle que celui qui ne veut pas voir.

TEST 22:

1. POULAIN **2.** SOURIS **3.** CHEVAL **4.** AGNEAU **5.** CHÈVRE **6.** MOUTON **7.** COCHON **8.** PIGEON **9.** POULET **10.** CANARD **11.** LAPIN **12.** VACHE **13.** CHIEN **14.** DINDE **15.** PAON **16.** VEAU **17.** CHAT

TEST 23:

1. centime **2.** collier **3.** O.N.U. **4.** Provençal **5.** Seine **6.** Jospin **7.** Atlantique **8.** cassoulet **9.** sommet **10.** Elbe **11.** Genève **12.** tabac **13.** peintre **14.** couteau **15.** angle **16.** moulin **17.** briquet **18.** grammaire **19.** architecte **20.** hôtel

TEST 24:

1. déclarer **2.** Merci **3.** pommes **4.** De **5.** ai **6.** aime **7.** elle **8.** ans **9.** monnaie **10.** fumer **11.** avait **12.** autoroute **13.** joint **14.** devons **15.** plaît **16.** tout **17.** poussière

TEST 25:

1. le mariage – le divorce
2. la faim – la soif
3. le vendeur – l'acheteur
4. la guerre – la paix
5. le bruit – le silence
6. la vie – la mort
7. l'amour – la haine
8. le mensonge – la vérité
9. le locataire – le propriétaire
10. la majorité – la minorité
11. le Nord – le Sud
12. le neveu – la nièce
13. l'oncle – la tante
14. le beau-frère – la belle-sœur
15. la belle-fille – le gendre
16. le mari – la femme
17. l'été – l'hiver
18. le jour – la nuit
19. l'Est – l'Ouest
20. l'ordre – le désordre
21. la bonté – la méchanceté
22. la beauté – la laideur
23. l'absence – la présence
24. la joie – la tristesse
25. la servitude – la liberté

TEST 26:

1. CHOUCROUTE **2.** CROISSANT **3.** CONFITURE **4.** ESCALOPE **5.** OMELETTE **6.** BOUILLON **7.** SAUCISSE **8.** NOUILLES **9.** BEIGNET **10.** FROMAGE **11.** POISSON **12.** SALAMI **13.** JAMBON **14.** POULET **15.** GÂTEAU **16.** SAUCE **17.** CRÊPE **18.** SOUPE **19.** FRUIT **20.** CRÈME **21.** HUILE **22.** SUCRE **23.** TARTE **24.** LARD **25.** PAIN **26.** RIZ **27.** ŒUF

TEST 27:

1 S	O	2 I		3 V	A	4 R	I	5 É		6 P	A	7 S	S	8 E
U		N		E		I		G		L		O		X
9 J	E	T	E	R		10 S	11 P	A	R	A	D	R	A	P
E		É		R			12 I	L		I		T		É
13 T	O	R	R	E	N	14 T	S		15 E	N	T	E	N	D
		I		S		O		16 M		D				I
17 A	V	E	C		18 H	U	19 M	O	U	R		20 T	H	É
P		U		21 A		22 T	O	N		E		O		E
23 P	A	R		24 T	R	E	N	T	E		25 V	I	N	S
R				T		S		E		26 S		L		
27 E	S	28 P	O	I	R		29 V	R	A	I	M	E	N	30 T
N		A		R		31 C	I			G		T		I
32 D	I	S	P	O	S	O	N	33 S		34 N	O	T	R	E
R		S		N		C		E		E		E		N
35 E	T	A	T	S		36 A	L	L	E	R		37 S	E	S

TEST 28:

1. automne **2.** août **3.** jeudi **4.** février **5.** arrière **6.** Ouest **7.** mercredi **8.** présent **9.** jamais **10.** Afrique **11.** Fraternité **12.** premier **13.** enfance **14.** neuf **15.** hier

TEST 29:

1. le chauffeur = le conducteur
2. la plaisanterie = la blague
3. la raison = le motif
4. l'emploi = le travail
5. le bénéfice = le profit
6. le déficit = la perte
7. le salaire = la paye
8. le propriétaire = le possesseur
9. le mari = l'époux
10. le client = l'acheteur
11. le commerçant = le marchand
12. la voiture = l'automobile
13. l'amabilité = la bienveillance
14. la foi = la croyance
15. le poids lourd = le camion
16. le repas = la nourriture

TEST 30:

1. tentes **2.** écouter **3.** Combien **4.** pneumatique **5.** et **6.** démarre **7.** bonne **8.** par **9.** faire **10.** recommandé **11.** Vous **12.** gentil **13.** Ne **14.** Ne **15.** Où **16.** trouve **17.** dire

TEST 31:

1. animal **2.** pêcher **3.** nappe **4.** abeille **5.** étable **6.** Coran **7.** bois **8.** banque **9.** carnivore **10.** bouche **11.** nid **12.** eau **13.** pétrole **14.** musique **15.** route **16.** verre **17.** palais **18.** farine **19.** entendre **20.** lettre

TEST 32:

1. la main – le doigt
2. la lampe – l'ampoule
3. la banane – la poire
4. la table – la nappe
5. la raquette – la balle de tennis

I. Paris – la capitale
II. l'hiver – la neige
III. le soir – le matin
IV. la bouteille – le bouchon
V. l'eau – la soif

a. le costume – la cravate
b. le livre – la page
c. l'ordinateur – la souris
d. le café – le sucre
e. l'escrime – le fleuret

A. l'arbre – la branche
B. la télévision – l'antenne
C. la jambe – le pied
D. la grammaire – l'orthographe
E. le pain – la tranche

TEST 33:

1. chose **2.** compris **3.** mon **4.** décrocher **5.** corps **6.** face **7.** public **8.** Unis **9.** bain **10.** clair **11.** café **12.** gagner **13.** chemin **14.** soir **15.** longue **16.** contraire **17.** veut **18.** malade **19.** cœur **20.** montre

TEST 34:

1. équitation **2.** jumelles **3.** soupe **4.** huîtres **5.** yeux **6.** os **7.** sauce **8.** Soleil **9.** écureuil **10.** zodiaque **11.** B.N.P. **12.** langue **13.** style **14.** vacances **15.** tribunal **16.** arbre **17.** maçon **18.** échecs **19.** ambassadeur **20.** hareng

TEST 35:

1. la moustache – la barbe
2. l'Eglise – le pape
3. l'éclair – le tonnerre
4. le vin – le verre
5. la voiture – l'essence

I. le juge – le bourreau
II. la question – la réponse
III. la fleur – le bouquet
IV. le vice – la vertu
V. l'abeille – le miel

a. la chemise – le col
b. la musique – la partition
c. le ciel – le nuage
d. le sport – les jeux olympiques
e. l'écolier – l'instituteur

A. la canicule – l'été
B. l'argent – le porte-monnaie
C. les élections – les partis politiques
D. la natation – la piscine
E. l'architecte – les plans

TEST 36:

1. peindre **2.** nez **3.** cuir **4.** intelligence **5.** continent **6.** cheval **7.** malheureux **8.** pleurer **9.** île **10.** fleuve **11.** notes **12.** taille **13.** plafond **14.** doux **15.** griffer **16.** rond **17.** ramper **18.** boulanger **19.** pommier **20.** poubelle

TEST 37:

1 E	S	2 T	O	3 M	A	4 C		5 P	A	6 S	S	7 E	R	8 A
N		O		O		Ô		R		I		N		R
9 F	I	N		10 N	E	T	T	O	I	E		11 D	U	R
A				T		E		P		S				Ê
12 N	O	13 R	M	A	L		14 C	O	N	T	I	15 E	N	T
T		E		G		16 P		R		E		N		É
17 S	A	V	O	N	N	E	T	T	E		18 Ê	T	R	E
		E		E		R		I		19 A		E		
20 S	A	N	S		21 I	M	P	O	R	T	A	N	C	22 E
U		I		23 C		A		N		T		D		N
24 P	E	R	S	O	N	N	E		25 P	A	Q	U	E	T
P				M		E		26 S		Q				A
27 O	N	28 T		29 M	A	N	T	E	A	U		30 N	O	M
S		E		U		C		R		E		E		E
31 E	S	S	E	N	C	E		32 A	R	R	Ê	T	E	R

TEST 38:

1. embrasser? = la bouche
2. mâcher? = les dents
3. penser? = le cerveau
4. donner des coups? = les poings
5. voir? = les yeux
6. sentir? = le nez
7. entendre? = les oreilles
8. toucher? = les doigts
9. écrire? = la main
10. tourner la tête? = le cou
11. respirer? = les poumons
12. courir? = les jambes
13. appuyer sur une pédale? = les pieds
14. serrer quelqu'un contre soi? = les bras

TEST 39:

1. Belgique - Bruxelles
2. Bulgarie - Sofia
3. Danemark - Copenhague
4. France - Paris
5. Grèce - Athènes
6. Royaume-Uni - Londres
7. Italie - Rome
8. Yougoslavie - Belgrade
9. Norvège - Oslo
10. Autriche - Vienne
11. Allemagne - Berlin
12. Croatie - Zagreb
13. Pologne - Varsovie
14. Roumanie - Bucarest
15. Russie - Moscou
16. Suède - Stockholm
17. Suisse - Berne
18. République tchèque - Prague
19. Hongrie - Budapest
20. Ukraine - Kiev
21. Espagne - Madrid
22. Portugal - Lisbonne

TEST 40:

[1] C	H	[2] A	U	[3] D		[4] S	P	[5] A	R	[6] A	D	[7] R	A	[8] P
A		N		I		E		U		M		I		O
[9] P	A	S		[10] F	E	N	Ê	T	R	E		[11] S	U	R
A				F		S		R		N				T
[12] C	H	[13] A	C	U	N		[14] R	E	M	E	R	[15] C	I	E
I		M		S				M		R		R		
[16] T	R	I	M	E	S	[17] T	R	E			[18] S	E	R	[19] A
É		T		R		R		N		[20] G		U		S
[21] S	U	I	S			[22] A	U	T	O	R	I	S	É	S
		É		[23] L		V				A		E		U
[24] M	E	S	D	A	M	E	S		[25] E	N	T	R	E	R
A				V		R		[26] G		D				A
[27] T	E	[28] L		[29] A	S	S	U	R	É	E		[30] F	I	N
C		E		B		E		O		U		O		C
[31] H	I	S	T	O	I	R	E	S		[32] R	O	U	T	E

TEST 41:

1. APERITIF **2.** DIGESTIF **3.** LIMONADE **4.** CHOCOLAT **5.** LIQUEUR **6.** PANACHE **7.** PASTIS **8.** WHISKY **9.** COGNAC **10.** CIDRE **11.** BIERE **12.** SODA **13.** LAIT **14.** CAFÉ **15.** VIN **16.** EAU **17.** THÉ

TEST 42:

1. sud **2.** prudent **3.** moi **4.** chose **5.** zéro **6.** avaler **7.** déclaration **8.** vive **9.** plaisir **10.** ancien **11.** il **12.** laver **13.** déchargée **14.** nettoyer **15.** traduire **16.** Comment **17.** ennuis **18.** Il **19.** dîner **20.** arriver

TEST 43:

1. capitaine **2.** océan **3.** étroit **4.** employé **5.** bijoutier **6.** pont **7.** Bulgarie **8.** chocolat **9.** crépuscule **10.** Espagne **11.** défense **12.** dollar **13.** toit **14.** demander **15.** eau **16.** écrire **17.** tôt **18.** travailleur **19.** départ **20.** bock

TEST 44:

1. Vrai **2.** Faux **3.** Vrai **4.** Vrai **5.** Faux **6.** Faux **7.** Vrai! mais la statue de Paris ne mesure que 2,8 m. **8.** Faux **9.** Vrai **10.** Faux **11.** Faux, c'est la feuille d'érable. **12.** Vrai **13.** Vrai **14.** Vrai! **15.** Faux, il est élu pour sept ans. **16.** Vrai **17.** Faux **18.** Vrai **19.** Faux **20.** Faux, il est partagé entre la France et l'Italie.

TEST 45:

1 A	R	2 C		3 R	I	4 S		5 M	É	6 C	H	7 A	N	8 T
S		9 R	U	E		O		A		A		N		O
10 S	O	I		11 P	A	R	A	G	E	S		12 S	13 O	N
U				A		T		N		S			U	
14 R	E	15 M	I	S	E		16 A	I	M	E	R	17 A	I	18 S
É		A		S		19 M		F		R		R		E
20 E	N	T	R	E	T	E	N	I	R		21 G	R	O	S
		E		R		I		Q		22 R		Ê		
23 E	L	L	E		24 A	L	L	U	M	E	T	T	E	25 S
N		A		26 C		L		E		G		É		É
27 D	28 I	S	P	O	S	E	Z		29 E	R	R	E	U	R
	C			F		U		30 V		E				I
31 D	I	32 T		33 F	E	R	M	E	N	T		34 V	U	E
U		Ô		R		E		N		35 T	O	I		U
36 R	E	T	I	E	N	S		37 U	N	E		38 E	U	X

TEST 46:

1. restaurant **2.** Roumanie **3.** lait **4.** mort **5.** température **6.** branche **7.** patient **8.** fabriquer **9.** poste **10.** sourd **11.** écouter **12.** jour **13.** guidon **14.** papier **15.** lumière **16.** frontière **17.** jument **18.** ingénieur **19.** peintre **20.** théâtre

TEST 47:

1. le jour férié – le jour ouvrable
2. la punition – la récompense
3. l'acceptation – le refus
4. le médecin – le patient
5. la recette – la dépense
6. l'étudiant – le professeur
7. l'écolier – l'instituteur
8. la vieillesse – la jeunesse
9. la bêtise – l'intelligence
10. le courage – la peur
11. l'adulte – l'enfant
12. la peine – la joie
13. l'avarice – la générosité
14. l'hypocrisie – la franchise
15. la force – la faiblesse
16. le crépuscule – l'aube

TEST 48:

1. MARRAINE **2.** PARRAIN **3.** COUSINE **4.** PARENTS **5.** ENFANTS **6.** GENDRE **7.** COUSIN **8.** NIECE **9.** NEVEU **10.** TANTE **11.** ONCLE **12.** FRERE **13.** FILLE **14.** SŒUR **15.** FILS **16.** MERE **17.** PERE **18.** BRU

TEST 49:

1 P	E	2 S	E	3 R		4 C	R	5 E	V	6 A	I	7 S	O	8 N
R		O		E		I		N		S		A		O
9 O	U	I		10 M	I	N	U	T	E	S		11 C	E	T
M				E		Q		R		U				R
12 E	X	13 A	C	T	E		14 R	E	G	R	E	15 T	T	E
N		P		T		16 I		T		É		A		
17 A	P	P	A	R	E	N	C	E	S		18 A	B	R	19 I
D		E		E		T		N		20 R		L		N
21 E	L	L	E		22 M	É	D	I	C	A	M	E	N	T
		E		23 M		R		R		C		A		É
24 P	A	R	T	A	G	E	R		25 M	O	Q	U	E	R
A				R		S		26 P		N				E
27 S	O	28 N		29 I	N	S	T	A	N	T		30 B	A	S
S		E		E		É		Y		E		U		S
31 A	U	T	O	R	I	S	É	S		32 R	E	S	T	E

TEST 50:

1. chaussure **2.** laisse **3.** poisson **4.** jardin **5.** sauce **6.** mélodie **7.** pointue **8.** Egypte **9.** bière **10.** poète **11.** embrasser **12.** refuser **13.** fort **14.** Asie **15.** metteur en scène **16.** boulangerie **17.** sauvage **18.** drôle **19.** jardinier **20.** abreuver

TEST 51:

1. rien **2.** voiture **3.** sans **4.** sans **5.** Ses **6.** été **7.** rue **8.** on **9.** demande **10.** idée **11.** obtenir **12.** manteau **13.** pièces **14.** Agiter **15.** fait **16.** Qui **17.** pieds **18.** traverser **19.** distance **20.** caisse

TEST 52:

1. POITRINE **2.** OREILLES **3.** POIGNET **4.** CHEVEUX **5.** VISAGE **6.** ORTEIL **7.** CUISSE **8.** HANCHE **9.** FESSES **10.** EPAULE **11.** MENTON **12.** LEVRES **13.** BOUCHE **14.** ONGLE **15.** COUDE **16.** GENOU **17.** TALON **18.** JAMBE **19.** DOIGT **20.** FRONT **21.** JOUE **22.** PIED **23.** SEIN **24.** MAIN **25.** BRAS **26.** DENT **27.** YEUX **28.** DOS **29.** COU **30.** NEZ

TEST 53:

1. fleurs – vase
2. voiture – coffre
3. casserole – couvercle
4. café – sucre
5. train – billet

I. bicyclette – sonnette
II. théâtre – scène
III. cirque – piste
IV. sac – cuir
V. brasserie – bière

a. soupe – cuiller
b. fièvre – thermomètre
c. neige – ski
d. saucisse – couteau
e. escalier – rampe

A. zoo – animaux
B. ciel – étoiles
C. fisc – impôt
D. cabaret – danse
E. poissons – aquarium

TEST 54:

1. provient **2.** assez **3.** bas **4.** savoir **5.** candidature **6.** avance **7.** fonctionnent **8.** basse **9.** véhicule **10.** dormant **11.** égard **12.** importance **13.** trembler **14.** autant **15.** sens **16.** tiens **17.** Je **18.** sa **19.** son **20.** long

TEST 55:

1. essence **2.** cuire **3.** dur **4.** rester **5.** montagne **6.** lune **7.** voiture **8.** pompier **9.** fourchette **10.** papier **11.** ordinateur **12.** Grèce **13.** allumette **14.** Pologne **15.** France **16.** Brésil **17.** décembre **18.** cimetière **19.** sympathique **20.** toit

TEST 56:

				P	H	A	**R**	E				
						P	**E**	D	A	L	E	
			C	A	P	O	**T**					
						F	**R**	E	I	N		
			K	L	A	X	**O**	N				
							V	O	L	A	N	T
				R	A	D	**I**	O				
							S	I	E	G	E	
				P	A	R	**E**	C	H	O	C	
E	M	B	R	A	Y	E	**U**	R				
			C	O	F	F	**R**	E				

TEST 57:

1. acide **2.** jour **3.** page **4.** Christianisme **5.** livres **6.** guerre **7.** chien **8.** semaine **9.** collier **10.** rouge **11.** bas **12.** Chine **13.** dentiste **14.** fruit **15.** frère **16.** Autriche **17.** université **18.** haïr **19.** coucher **20.** enquêter

TEST 58:

1 P	O	2 S	E	3 R		4 B	I	5 E	N	6 V	E	7 N	U	8 E
R		O		E		O		N		I		E		N
9 O	U	I		10 M	I	N	U	T	E	S		11 T	Ô	T
M				E		S		R		I				R
12 E	X	13 A	C	T	E		14 D	E	N	T	I	15 S	T	E
N		P		T		16 I		T		E		O		
17 A	P	P	A	R	E	N	C	E	S		18 Q	U	O	19 I
D		E		E		T		N		20 R		V		N
21 E	L	L	E		22 M	É	D	I	C	A	M	E	N	T
		E		23 M		R		R		C		N		É
24 P	A	R	T	A	G	E	R		25 G	O	Û	T	E	R
A				R		S		26 S		N				E
27 S	A	28 C		29 I	N	S	T	A	N	T		30 D	O	S
S		E		E		É		I		E		E		S
31 A	U	T	O	R	I	S	É	S		32 R	E	S	T	E

TEST 59:

1. antipathique **2.** casserole **3.** escrime **4.** âne **5.** couverture **6.** respirer **7.** aubergine **8.** porte-monnaie **9.** élégant **10.** papier **11.** tableau **12.** visage **13.** chapeau **14.** chèvre **15.** tambour **16.** ballet **17.** dentiste **18.** dormir **19.** praline **20.** grossier

TEST 60:

1. nuit **2.** demie **3.** comble **4.** aille **5.** font **6.** jour **7.** manger **8.** raison **9.** bonne **10.** invitation **11.** sens **12.** le **13.** application **14.** suite **15.** de **16.** quoi **17.** juger **18.** venir **19.** pied **20.** zéro

TEST 61:

1. Faux **2.** Faux **3.** Vrai **4.** Vrai **5.** Faux **6.** Vrai **7.** Faux **8.** Vrai **9.** Vrai **10.** Vrai **11.** Faux **12.** Vrai **13.** Faux **14.** Faux, c'est un roman d'Alexandre Dumas. **15.** Faux, on le fabrique avec des pommes **16.** Vrai **17.** Faux **18.** Vrai **19.** Vrai **20.** Vrai.

TEST 62:

La gastronomie en France

La table tient un rôle particulier en France. Au cours des siècles, une grande tradition gastronomique s'est formée. Encore aujourd'hui, les Français passent en moyenne deux fois plus de temps que leurs voisins européens à table. Il n'est d'événement qui ne donne l'occasion de faire un grand repas. Chaque région possède ses spécialités. Au Sud, on cuisine à l'huile d'olive alors qu'au Nord, on utilise davantage le beurre ou la crème. La richesse du sol et la diversité des climats offrent au gastronome français une variété considérable de produits: on prétend, ainsi, qu'on peut trouver en France cent cinquante sortes différentes de fromages. Un repas de fête n'est pas concevable sans un grand vin. La vigne est cultivée sur les deux tiers du territoire. Les vignobles les plus réputés sont ceux de Bordeaux et de Bourgogne, sans oublier celui de Champagne qui produit un vin pétillant célèbre dans le monde entier.

TEST 63:

1. Lièvre qui court n'est pas mort.
2. Mauvais ouvrier ne trouve jamais bon outil.
3. Mauvaise herbe croît toujours.
4. Mieux vaut donner que recevoir.
5. Mieux vaut tard que jamais.
6. Nul n'est prophète en son pays.
7. On apprend à tout âge.
8. On reconnaît l'arbre à ses fruits.
9. On recueille ce qu'on a semé.
10. On revient toujours à ses premiers amours.
11. Partir, c'est mourir un peu.
12. Pas de roses sans épines.
13. Promettre et tenir sont deux.
14. Quand le vin est tiré, il faut le boire.
15. Quand on n'avance pas, on recule.
16. Quatre yeux voient mieux que deux.
17. Qui a bu boira.
18. Qui a dit A doit dire B.
19. Qui épargne gagne.
20. Qui ne dit mot consent.

TEST 64:

1. maisons **2.** pain **3.** perte **4.** diviser **5.** diable **6.** dangereux **7.** vérité **8.** beaucoup **9.** superflu **10.** Est **11.** chanter **12.** respirer **13.** Hongrie **14.** jupe **15.** faible **16.** arbre **17.** scène **18.** barbe **19.** poulailler **20.** enseigner

TEST 65:

1 F	U	2 T		3 S	A	4 N	T	5 É		6 É	P	7 A	I	8 S
R		O		O		E		T		V		S		U
9 A	D	I	E	U		10 T	11 R	A	V	E	R	S	E	R
N		L		R			12 E	T		I		I		V
13 C	H	E	R	C	H	14 E	Z		15 C	L	A	S	S	E
		T		E		X		16 A		L				I
17 D	A	T	E		18 L	A	19 N	G	U	E		20 S	E	L
E		E		21 A		22 M	O	I		R		E		L
23 S	E	S		24 T	R	E	N	T	E		25 F	U	M	É
C				T		N		E		26 R		L		
27 E	S	28 P	O	I	R		29 V	R	A	I	M	E	N	30 T
N		A		R		31 N	I			S		M		I
32 D	I	S	P	O	S	O	N	33 S		34 Q	U	E	U	E
R		S		N		R		O		U		N		N
35 E	T	A	T	S		36 D	O	N	N	E		37 T	E	S

TEST 66:

1. prendre **2.** suis **3.** voter **4.** aucun **5.** Ne **6.** vrai **7.** droite **8.** dix **9.** bois **10.** question **11.** grosse **12.** bâton **13.** moyenne **14.** espoir **15.** fin **16.** froid **17.** gentil **18.** frais **19.** heures **20.** la

TEST 67:

Écrire une blague

1. Un vieux monsieur trouve un perroquet dans la rue.
2. Un policier lui conseille: „Vous feriez bien de l'amener au zoo."
3. Le lendemain, le policier le revoit avec le perroquet et lui dit:
4. „Je vous avais pourtant dit de l'amener au zoo."
5. Le vieux monsieur répond:
6. „Nous y sommes allés et ça lui a beaucoup plu. Aujourd'hui, nous avons décidé d'aller au cinéma."

TEST 68:

1. France **2.** habitants **3.** forme **4.** point **5.** frontières **6.** fédérale **7.** mesurent **8.** atlantique **9.** Méditerranée **10.** pays **11.** existe **12.** comparés **13.** qui **14.** monde **15.** fromages **16.** domaine

TEST 69:

1. L'occasion fait le larron.
2. La belle plume fait le bel oiseau.
3. La prudence est mère de sûreté.
4. La fin justifie les moyens.
5. La foi déplace les montagnes.
6. La fortune favorise les sots.
7. La fortune sourit aux audacieux.
8. La nécessité est mère d'invention.
9. La nuit, tous les chats sont gris.
10. La parole est d'argent, le silence est d'or.
11. La pensée est libre.
12. La pomme ne tombe jamais loin de l'arbre.
13. La vengeance est douce.
14. La vérité est dans le vin.
15. La vérité sort de la bouche des enfants.
16. Le bonheur est chose fragile.
17. Le chat parti, les souris dansent.
18. Le ciel est bleu partout.
19. Le métier ne va pas sans réclame.
20. Le mieux est l'ennemi du bien.

TEST 70:

1. Bruxelles – Belgique
2. Sofia – Bulgarie
3. Copenhague – Danemark
4. Paris – France
5. Athènes – Grèce
6. Rome – Italie
7. Zagreb – Croatie
8. Oslo – Norvège
9. Vienne – Autriche
10. Berlin – Allemagne
11. Londres – Royaume-Uni
12. Berne – Suisse
13. Varsovie – Pologne
14. Prague – Rép. tchèque
15. Budapest – Hongrie
16. Lisbonne – Portugal
17. Madrid – Espagne
18. Bucarest – Roumanie
19. Dublin – Irlande
20. Stockholm – Suède
21. Tirana – Albanie
22. Helsinki – Finlande
23. Moscou – Russie

TEST 71:

1. IMPERMEABLE **2.** CHAUSSETTES **3.** CHAUSSURES **4.** CHEMISIER **5.** CASQUETTE **6.** CAPUCHON **7.** PULLOVER **8.** PANTALON **9.** TAILLEUR **10.** MANTEAU **11.** ECHARPE **12.** BERMUDA **13.** CULOTTE **14.** CRAVATE **15.** COSTUME **16.** CHEMISE **17.** CHAPEAU **18.** ANORAK **19.** BOTTES **20.** PYJAMA **21.** VESTON **22.** BLOUSE **23.** GAINE **24.** SHORT **25.** GANTS **26.** VESTE **27.** CAPE **28.** JUPE **29.** ROBE **30.** BAS

TEST 72:

1. haut **2.** composer **3.** tabac **4.** rugir **5.** français **6.** portugais **7.** capitale **8.** plante **9.** félicitation **10.** victoire **11.** directeur **12.** économiste **13.** poche **14.** fleuve **15.** conduire **16.** sièges **17.** participant **18.** dépenser **19.** derrière **20.** solide

TEST 73:

1 C	H	2 A	U	3 D		4 B	R	5 E	6 F		7 L	O	N	8 G
H		U		I		I		9 S	E		U			A
E		10 T	A	S	S	E		11 T	R	12 A	I	13 T	E	R
14 Z	O	O		T		N				I		O		D
		15 B	E	A	U		16 P	17 R	É	S	E	N	C	E
18 F	19 O	U		N		20 E		É		E		N		
21 A	N	S		22 C	O	M	23 M	U	N		24 P	E	U	25 R
I				E		26 P	A	S		27 V				Ô
28 M	Ê	29 L	E		30 G	L	I	S	S	É		31 C	32 E	T
		É		33 P		O		I		R		34 O	U	I
35 S	I	G	N	I	F	I	E		36 F	I	L	M		
U		E		L				37 S		F		38 P	A	39 R
40 P	A	R	41 V	E	42 N	43 U		44 A	C	I	E	R		Ê
E			U		45 E	N		I		E		I		V
46 R	I	V	E		47 T	E	L	S		48 R	E	S	T	E

TEST 74:

1. admirateur – admiratrice
2. aigu – aiguë
3. ancien – ancienne
4. blanc – blanche
5. bon – bonne
6. civil – civile
7. complet – complète
8. courageux – courageuse
9. doux – douce
10. fameux – fameuse
11. frais – fraîche
12. frontalier – frontalière
13. joli – jolie
14. moyen – moyenne
15. net – nette
16. nouveau – nouvelle
17. nul – nulle
18. parisien – parisienne
19. plat – plate
20. précis – précise
21. primitif – primitive
22. public – publique
23. riche – riche
24. roux – rousse
25. sec – sèche
26. sot – sotte
27. trompeur – trompeuse
28. vieux – vieille

TEST 75:

1. Qui ne risque rien n'a rien.
2. Qui rit le matin le soir pleure.
3. Qui s'excuse s'accuse.
4. Vouloir c'est pouvoir.
5. Tant qu'il y a de la vie il y a de l'espoir.
6. Tel père, tel fils.
7. Telle demande, telle réponse.
8. Tous les chemins mènent à Rome.
9. Tout ce qui brille, n'est pas or.
10. Tout est bien qui finit bien.
11. Tout s'arrange avec le temps.
12. Toute médaille a son revers.
13. Toute peine mérite salaire.
14. Trop de cuisiniers gâtent la sauce.
15. Un homme d'honneur n'a qu'une parole.
16. Un malheur ne vient jamais seul.
17. Un bienfait n'est jamais perdu.
18. Une bonne conscience est un doux oreiller.
19. Une hirondelle ne fait pas le printemps.
20. Une main lave l'autre.

TEST 76:

1. atlantique **2.** habitants **3.** Depuis **4.** partagés **5.** linguistiques **6.** francophones **7.** néerlandais **8.** bilingue **9.** du **10.** pays **11.** ville **12.** Europe **13.** européenne

TEST 77:

1. éléphant
2. télévision
3. tulipe
4. apéritif
5. armoire
6. hélicoptère
7. échecs
8. lunettes
9. pinceau
10. serpent
11. pull-over
12. ciseaux
13. tapisserie
14. feutre
15. téléphone
16. hôpital
17. feuilles
18. triangle
19. ordinateur
20. montagnes

TEST 78:

1. Vrai **2.** Faux **3.** Vrai, en comptant Andorre et Monaco **4.** Faux **5.** Vrai **6.** Faux **7.** Faux, c'est Berne. **8.** Faux **9.** Vrai **10.** Vrai **11.** Faux **12.** Faux, elle a commencé en 1789. **13.** Vrai **14.** Vrai **15.** Faux, au contraire, ils se détestaient. **16.** Vrai **17.** Vrai **18.** Faux, elle a été brûlée par les Anglais. **19.** Faux **20.** Vrai

TEST 79:

1 P	L	2 A	Î	3 T		4 A	I	5 M	E		6 C	I	N	7 Q
R		S		8 O	U	I		A			A			U
I		9 S	U	R		10 S	Y	L	V	11 E	S	12 T	R	E
13 E	A	U		14 R	15 U	E				L		Ô		U
		16 R	I	E	N		17 T	18 A	B	L	19 E	T	20 T	E
21 O		A		N		22 T		V		23 E	S		O	
24 N	O	N		25 T	E	R	M	E	S		26 T	27 A	N	28 T
Z		C		S		E		N		29 R		U		E
30 E	31 T	E	32 S		33 D	I	V	I	S	É		34 T	E	L
	H		35 E	36 N		Z		R		S		O		S
37 D	É	38 C	L	A	R	E	R		39 L	I	E	R		
Î		R		G				40 P	A	S		41 I	L	42 S
43 T	R	I	44 M	E	S	45 T	R	E		46 T	E	S		A
E			O			O		47 U	N	E		É		G
48 S	A	I	T		49 H	I	E	R		50 R	E	S	T	E

TEST 80:

1. lunettes **2.** meuble **3.** coiffeur **4.** air **5.** coucher **6.** gant **7.** verre **8.** chimie **9.** domestique **10.** nain **11.** Grèce **12.** jument **13.** entendre **14.** mois **15.** élevé **16.** goût **17.** dur **18.** habiter **19.** couper **20.** poissonnier

TEST 81:

1. enfants **2.** tombe **3.** boissons **4.** dommage **5.** demande **6.** vous **7.** gêne **8.** comprend **9.** Comment **10.** feu **11.** côte **12.** Interdit **13.** indiquer **14.** de **15.** moyenne **16.** Suivez

TEST 82:

1. Les chiens aboient la caravane passe.
2. La parole est d'argent le silence est d'or.
3. Il n'y a pas de fumée sans feu.
4. Quand le vin est tiré il faut le boire.
5. Partir, c'est mourir un peu.
6. Au royaume des aveugles les borgnes sont rois.
7. Bien mal acquis ne profite jamais.
8. Tel père tel fils.
9. Tant va la cruche à l'eau qu'à la fin, elle se casse.
10. Qui ne risque rien n'a rien.
11. Les petits ruisseaux font les grandes rivières.
12. On ne peut être à la fois au four et au moulin.
13. Le chat parti, les souris dansent.
14. Ce sont les tonneaux vides qui font le plus de bruit.
15. Comme on fait son lit on se couche.
16. De deux maux il faut choisir le moindre.
17. Il faut battre le fer pendant qu'il est chaud.
18. Si tu veux la paix prépare la guerre.
19. Rira bien qui rira le dernier
20. Il n'y a point de règle sans exception.

TEST 83:

1. splendide **2.** souvenir **3.** brique **4.** parfumer **5.** peuple **6.** vin **7.** près
8. exploser **9.** maire **10.** ferme **11.** cuisine **12.** art **13.** princesse **14.** marié
15. spectateur **16.** voler **17.** confiture **18.** algèbre **19.** épicier **20.** déficit

TEST 84:

1. tirer les vers du nez de quelqu'un = obtenir des informations de quelqu'un
2. casser les pieds de quelqu'un = ennuyer quelqu'un
3. prendre la poudre d'escampette = s'enfuir
4. filer à l'anglaise = partir discrètement
5. avoir un poil dans la main = être paresseux
6. ne pas avoir froid aux yeux = prendre des risques
7. avoir les dents longues = être ambitieux
8. passer la bague au doigt = épouser une femme
9. avoir quelqu'un dans le nez = détester quelqu'un
10. se creuser la cervelle = réfléchir longtemps

TEST 85:

1. musique **2.** salé **3.** sonnette **4.** Danemark **5.** vis **6.** meugler **7.** scène **8.** raquette **9.** poubelle **10.** torchon **11.** désert **12.** peinture **13.** compartiment **14.** couper **15.** résoudre **16.** pauvre **17.** reportage **18.** prisonniers **19.** postal **20.** marches

TEST 86:

				C	É	L	E	R	I
			C	**H**	O	U			
				A	I	L			
		T	O	**M**	A	T	E		
		A	S	**P**	E	R	G	E	
	A	R	T	**I**	C	H	A	U	T
C	O	U	R	**G**	E	T	T	E	
				N	A	V	E	T	
	C	A	R	**O**	T	T	E		
		F	E	**N**	O	U	I	L	
R	A	D	I	**S**					

TEST 87:

1 A	S	2 S	I	3 S		4 B	O	5 N		6 É	G	7 A	L	8 E
I		U		9 O	U	I		O		V		U		N
10 D	U	R		U		11 C	E	T	T	E		12 S	U	D
E		V		R		Y		E		I		S		
13 R	14 U	E		15 C	O	C	A		16 P	L	A	I	R	17 E
	18 N	I		E		L		19 K		L				N
20 T	E	L	S		21 R	E	22 M	I	S	E		23 T	Ô	T
Â		L		24 A		25 T	E	L		R		O		R
26 C	L	É		27 C	I	T	R	O	N		28 V	I	29 T	E
H				C		E		M		30 R		31 L	E	
32 E	X	33 A	M	E	N		34 M	È	R	E		35 E	S	36 T
		V		P		37 U		T		T		T		A
38 A	I	R		39 T	E	N	I	R		O		40 T	O	I
N		I		E		I		41 E	A	U		E		R
42 S	A	L	E	R		43 S	E	S		44 R	E	S	T	E

TEST 88:

1. France – Français
2. Belgique – Belges
3. Pays-Bas – Néerlandais
4. Portugal – Portugais
5. Espagne – Espagnols
6. Italie – Italiens
7. Suisse – Suisses
8. Autriche – Autrichiens
9. Allemagne – Allemands
10. Luxembourg – Luxembourgeois
11. Danemark – Danois
12. Norvège – Norvégiens
13. Suède – Suédois
14. Finlande – Finlandais
15. Chypre – Chypriotes
16. Grèce – Grecs
17. Russie – Russes
18. Pologne – Polonais
19. Hongrie – Hongrois
20. Bulgarie – Bulgares
21. Ukraine – Ukrainiens
22. Slovaquie – Slovaques
23. Roumanie – Roumains
24. Lettonie – Lettons
25. Monaco – Monégasques

TEST 89:

1. réponse **2.** cadre **3.** échec **4.** salutations **5.** reposer **6.** intérêts **7.** princesse **8.** seul **9.** futur **10.** votre **11.** bas **12.** arbitre **13.** souper **14.** uniforme **15.** coupable **16.** curé **17.** os **18.** baisser **19.** musiciens **20.** lait

TEST 90:

1. compte **2.** cantons **3.** Berne **4.** ville **5.** Le **6.** millions **7.** quatre **8.** seconde **9.** habitants **10.** fromage **11.** puissance **12.** paradis **13.** leur **14.** sommets **15.** pratiquent **16.** grands

TEST 91:

1 A	V	2 O	N	3 S		4 P	O	5 S	E	6 R		7 O	N	8 T
V		B		U		L		U		E		U		I
9 A	U	S	S	I		10 A	S	C	E	N	S	E	U	R
I		C		T		S		R		C		S		E
11 S	O	U	V	E	N	T		12 É	C	O	U	T	E	R
		R				I				N				
13 A	C	I	E	14 R		15 Q	U	16 A	R	T		17 A	I	18 R
R		T		A		U		U		R		T		U
19 C	L	É		20 P	L	E	U	T		21 E	N	T	R	E
				P				O				E		
22 E	N	23 D	R	O	I	24 T		25 R	O	26 B	I	N	E	27 T
L		Î		R		E		I		R		T		A
28 L	O	N	G	T	E	M	P	S		29 U	N	I	E	S
E		E		E		P		É		I		O		S
30 S	U	R		31 R	E	S	T	E		32 T	E	N	T	E

TEST 92:

1. chef **2.** pompier **3.** république **4.** sang **5.** pénurie **6.** apprendre **7.** salaire **8.** marché **9.** bibliothèque **10.** lent **11.** couvercle **12.** balle **13.** aquarium **14.** mendiant **15.** table **16.** Pâques **17.** camion **18.** fournir **19.** numéro **20.** Nord

TEST 93:

1. légumes **2.** livre **3.** Combien **4.** rire **5.** paix **6.** besoin **7.** lit **8.** devez **9.** séjourner **10.** après **11.** contient **12.** chambres **13.** quittez **14.** trouver **15.** bord **16.** cette

TEST 94:

1. Toto, pour connaître son avenir, va consulter une voyante.
2. Après avoir longtemps regardé dans la boule de cristal, la voyante dit à Toto:
3. Si vous suivez exactement mes recommandations, vous deviendrez un homme riche.
4. Attendez la pleine lune; allez au vieux cimetière; prenez une pelle et creusez le sol!
5. Après quelques mètres, vous trouverez un trésor.
6. Mais attention, si vous pensez à de la soupe à l'oignon en creusant, vous ne trouverez rien!
7. A la nouvelle lune, Toto se rend au cimetière.
8. Il commence à creuser.
9. Au bout de quelques minutes, il jette sa pelle.
10. Malheur! Je n'ai jamais pensé une seule fois à de la soupe à l'oignon.
11. Mais depuis que je creuse, je ne pense plus qu'à ça.

TEST 95:

1. être bavard comme une pie
2. être bête comme une oie
3. être doux comme un agneau
4. être fier comme un paon
5. être fort comme un lion
6. être frisé comme un mouton
7. être gai comme un pinson
8. être lent comme une tortue
9. être malin comme un singe
10. être muet comme une carpe
11. être myope comme une taupe
12. être nu comme un ver
13. être rouge comme une écrevisse
14. être rusé comme un renard
15. être têtu comme un âne

TEST 96:

1. Il n'y a pas de fumée sans feu.
2. Il ne faut pas chanter victoire avant la bataille.
3. Il ne faut pas courir deux lièvres à la fois.
4. Il ne faut pas jeter de l'huile sur le feu.
5. Il ne faut pas jeter les perles aux pourceaux.
6. Il ne faut pas provoquer le diable.
7. Il ne faut pas réveiller le chat qui dort.
8. Il y a encore des jours après aujourd'hui.
9. Jamais deux sans trois.
10. L'amour est aveugle.
11. L'appétit vient en mangeant.
12. L'arbre ne tombe pas du premier coup.
13. L'argent gouverne le monde.
14. L'argent n'a pas d'odeur.
15. L'eau trouble est le gain du pêcheur.
16. L'eau va toujours à la rivière.
17. L'enfer est pavé de bonnes intentions.
18. L'erreur est humaine.
19. L'exception confirme la règle.
20. L'homme propose et Dieu dispose.

TEST 97:

1. partir – arriver
2. commencer – finir
3. attaquer – défendre
4. construire – détruire
5. ordonner – obéir
6. récompenser – punir
7. se coucher – se lever
8. gagner – perdre
9. monter – descendre
10. emporter – apporter
11. interroger – répondre
12. diviser – rassembler
13. acheter – vendre
14. venir – aller
15. aimer – haïr
16. chercher – trouver
17. ouvrir – fermer
18. tenir – lâcher
19. vivre – mourir
20. prendre – laisser
21. offrir – recevoir
22. mouiller – sécher
23. plaire – déplaire
24. s'habiller – se déshabiller
25. accepter – refuser

TEST 98:

1. mettre la puce à l'oreille de quelqu'un = informer quelqu'un
2. avoir du piston = obtenir un emploi par protection
3. brûler la chandelle par les deux bouts = mener une vie de débauche
4. en pincer pour quelqu'un = être amoureux
5. avoir le bras long = avoir de l'influence
6. avoir l'estomac dans les talons = avoir très faim
7. avoir la tête sur les épaules = être raisonnable
8. avoir la grosse tête = devenir prétentieux
9. être complètement bourré = être très saoul
10. être à poil = être tout nu

TEST 99:

1. garçon – fille
2. père – mère
3. frère – sœur
4. oncle – tante
5. gendre – bru
6. monsieur – madame
7. neveu – nièce
8. parrain – marraine
9. amant – maîtresse
10. mari – femme
11. dieu – déesse
12. roi – reine
13. jumeaux – jumelles
14. coq – poule
15. bélier – brebis
16. cheval – jument
17. bouc – chèvre
18. canard – canne
19. taureau – vache
20. jars – oie

TEST 100:

1. dominent **2.** siècle **3.** Canada **4.** fondées **5.** domination **6.** en **7.** comme **8.** leur **9.** langue **10.** cette **11.** province **12.** Montréal **13.** population **14.** port